古代歷史文化 研究輯刊

十九編

王明蓀 主編

第7冊

漢代大司農研究

陳文豪 著

國家圖書館出版品預行編目資料

漢代大司農研究／陳文豪 著 — 初版 — 新北市：花木蘭文化
事業有限公司，2018〔民107〕
目 4+142 面；19×26 公分
（古代歷史文化研究輯刊 十九編；第7冊）
ISBN 978-986-485-403-5（精裝）
1. 官制 2. 漢代
618   107002303

ISBN-978-986-485-403-5

9 789864 854035

古代歷史文化研究輯刊
十九編 第七冊   ISBN：978-986-485-403-5

漢代大司農研究

作　　　者	陳文豪
主　　　編	王明蓀
總 編 輯	杜潔祥
副總編輯	楊嘉樂
編　　　輯	許郁翎、王筑　美術編輯　陳逸婷
出　　　版	花木蘭文化事業有限公司
發 行 人	高小娟
聯絡地址	235 新北市中和區中安街七二號十三樓
	電話：02-2923-1455／傳真：02-2923-1452
網　　　址	http://www.huamulan.tw 信箱 hml810518@gmail.com
印　　　刷	普羅文化出版廣告事業
初　　　版	2018 年 3 月
全書字數	101935 字
定　　　價	十九編 39 冊（精裝）台幣 100,000 元

漢代大司農研究

陳文豪　著

作者簡介

陳文豪。臺灣省澎湖縣人。中國文化大學史學系學士、碩士、博士，碩士論文由黎東方教授指導。現執教於彰化師範大學歷史學研究，主要研究方向爲秦漢史、秦漢簡帛、簡帛學術研究史，特別關心簡帛目錄學的編纂；旁治中國城市史、中國歷史地理文獻。

提　　要

　　研究漢代制度，尤其是研究漢代的財政制度，有一個特別吸引人的現象，那就是前漢時期財政制度的二元化——即國家財政由大司農主管，皇室財政由少府、水衡都尉掌理。此一制度，至後漢方趨於一元化，財政權才全歸大司農。

　　在現有的研究上，一般都偏向少府，或就整個漢代財政制度而論，並未對兩漢大司農作個別探討。因之，本文乃參酌舊文獻，配合新史料，就兩漢大司農的組織、職掌等，做一較全面性的分析。全文計分六章。

　　第一章：緒論。闡述研究動機、研究範圍、研究方法及史料抉擇。

　　第二章：大司農的起源、沿革、組織與職掌。根據秦簡及舊文獻，說明大司農的起源乃由內史分權而來，並進一步分析其沿革、組織及職掌，以明大司農在漢代財政制度上的功能。

　　第三章：兩漢大司農的分析。首先就所考知之兩漢九十位大司農人選中有疑問者，逐一加以考辨。然後再就兩漢大司農的出身背景、宦途與職權上的異同做一比較，得知，後漢大司農在職權上，已不若前漢。進而探討大司農在政治運作上與丞相（三公）、九卿及郡國的關係。

　　第四章：大司農的收入與支出。大司農最主要的職掌爲財政，本章旨在敘述漢代國家財政的收入與支出情形，以明漢代國家財政之狀況。

　　第五章：大司農與漢代財經政策。首論大司農推行的重要財經政策——鹽鐵酒專賣、均輸、平準及常平倉，並作一評述。

　　第六章：結論。

目

次

第一章　緒　論

　　研究漢代的制度，尤其是研究漢代的財政制度，有一個特別吸引人的現象，那就是前漢時期財政制度的二元化；即國家財政由大司農掌管，皇室財政由少府、水衡都尉主管。此種情形前人已指出，如《漢舊儀》云：

　　　　民田租芻稾，以給經用，備凶年；山澤魚鹽市稅以給私用。〔註1〕

《漢官儀》云：

　　　　大用由司農，小用由少府。……王者以租稅爲公用，山澤陂池之稅
　　　　以供王之私用。〔註2〕

顏師古更確切指出：

　　　　大司農供軍國之用，少府以養天子也。〔註3〕

元代王惲也說：

　　　　漢少府掌山海陂澤之稅，以備天子私奉。大司農掌國貨，以供軍國
　　　　之需。〔註4〕

這些學者雖然注意到了國家財政與皇室財政各有所掌的問題，但是卻未能做進一步的分析。直至日人加藤繁撰〈漢代國家財政和帝室財政的區別以及帝

〔註1〕 衛宏撰，孫星衍校輯，《漢舊儀》（漢官六種，四部備要史部，臺北：臺灣中華書局景印，1973年11月臺三版），卷下，葉5上。

〔註2〕 應劭撰，孫星衍校集，《漢官儀》（漢官六種，四部備要史部，臺北：臺灣中華書局景印，1973年11月臺三版），卷上，葉10上。

〔註3〕 班固，《漢書》（百衲本，臺北：臺灣商務印書館景印，1976年12月臺四版），卷十九〈百官公卿表第七上〉，葉8下。

〔註4〕 王惲，《玉堂嘉話》（百部叢書之五十二，守山閣叢書，臺北：藝文印書館，1963年景印），卷五，葉11下。

室財政的一斑〉〔註5〕一文，才有了較深入的探討。加藤繁的研究，雖然偏重少府，但是他的論點影響頗鉅，此後凡論及漢代財政制度者莫不奉爲圭臬，甚有進而推論出前漢帝國構造爲二重構造者。〔註6〕

關於漢代財政制度研究，以日本學者居多。國人研究者，據所知僅有周筠溪〔註7〕、楊寬〔註8〕。在他們的研究中，不是就整個漢代財政制度而論，就是偏重於少府，並未專就大司農而作研究。因此本文乃試圖對掌理國家財政的大司農的起源、沿革、組織與職掌等作較爲具體的分析，並擬由制度史的角度，略窺漢代財經政策的一斑。

關於大司農的起源，由於《漢書‧百官公卿表》僅稱「秦官」〔註9〕，遂引起了各種推論，或云源於古官、周官、秦官，或謂源自廩人、大田、內史〔註10〕。此眾說紛紛，在研究上，首須加以釐清。至於大司農的組織與職掌，《漢書‧百官公卿表》及《續漢書‧百官志》的記載，也不十分周全，因此乃重新加以分類敘述。

財政是大司農的最重要職掌，財經政策關係整個國家的財政運作，和大司農關係至爲密切，特闢專章加以探討。在政治體系的運作中，大司農和丞相（三公）、九卿及郡國間的關係，也是研究大司農的重點。

大司農原稱治粟內史，景帝時改名大農令，至武帝時方稱大司農〔註11〕。在本文中，因引據史料及爲行文順暢，在同一段落中，會有治粟內史、大農令或大司農同時出現的情形，而三者實乃一體異稱，特於此先說明。

本文參考資料，除了文獻史料與時人的研究成果外，亦應用了部份考古材料，而以《睡虎地秦簡》及《居延漢簡》爲主要依據。

《睡虎地秦簡》，係 1975 年，挖掘湖北省雲夢縣睡虎地十二座秦墓時，

〔註5〕 加藤繁著，吳杰譯，〈漢代國家財政和帝室財政的區別以及帝室財政的一斑〉，《中國經濟史考證》（臺北：華世出版社，1981 年 9 月新版），卷一，頁26～134。

〔註6〕 好並隆司，《秦漢帝國史研究》（東京：未來社，1978 年 3 月一版），第一篇第五章〈前漢帝國の二重構造と時代規定〉，頁159～188。

〔註7〕 周筠溪，〈西漢財政制度之一斑〉，《食貨半月刊》第三卷第八期（1936 年 3 月），頁8～36。

〔註8〕 楊寬，〈從「少府」職掌看秦漢封建統治者的經濟特權〉，《秦漢史論叢》第一輯（1981 年 9 月），頁208～226。

〔註9〕 同註3，葉8上。

〔註10〕 見本文第二章第一節。

〔註11〕 同註9。並參見本文第二章第二節。

在其中第十一號墓所出土的一千一百多枚秦代竹簡文書，內容主要是秦的部份法律、文書。這批竹簡經過整理後刊布的釋文版本繁多，僅所知見者就有七種〔註12〕。其中《睡虎地秦簡校註》，乃馬啓眾師等據當時所見的諸版本參斟而成〔註13〕，此版本集諸家之所長，有釋文、附註、簡影及索引，在本文中凡引用秦簡，即以此版本爲主。

《居延漢簡》爲民國19〜20年（1930〜1931）間，中瑞西北科學考查團所發現，有一萬多簡。該批簡牘爲漢代原始檔案，對漢代史的研究彌足珍貴，故學界梓行之版本亦不少，據所知見，目前有原簡圖版四種，釋文不論梓行或未刊者有八種〔註14〕。在八種釋文中，以馬啓眾師等重新校訂之《居延漢簡新編》搜羅最廣，且包括了中央圖書館所藏的三十枚簡，因之，本文引用居延漢簡釋文，即以「新編」爲主，並參考圖版。

此外，民國61〜65年（1972〜1976）間，考古學者再度在甘肅省居延額濟納河流域，對漢代張掖居延、肩水兩都尉的烽燧遺址，作了考古調查和發掘，取得很大的成果。在破城子（EP）甲渠候官、甲渠第四燧（ESP4）和肩水金關（EJ）三地發現了一萬九千六百三十七枚木簡，目前已整理編號的有一萬七千二百十一枚〔註15〕，但是這些已整理編號的木簡，並未全部公開梓行，僅陸續刊布了一部分，據所知有：「相劍刀」冊〔註16〕、甘露二年（西元前52年）「丞相御史書」、始建國二年（西元10年）「橐他塞莫當隧守御器簿」、地皇三年（22）「勞邊使者過界中費」冊、建武三年（27）「隧長病書牒」、建武三年「居延都尉吏奉穀秩別令」冊、建武三年「甲渠候粟君所責寇恩事」

〔註12〕宋豫卿，〈秦司空研究——以睡虎地秦簡資料爲主〉（油印本，中國文化大學史學研究所碩士論文，1983年7月），頁2，指出了六種版本。《雲夢秦簡釋文》、《睡虎地秦墓竹簡》1977、1978年版、《雲夢秦簡釋文》（《文史集林》本）、《睡虎地秦簡校註》、《雲夢睡虎地秦墓》。

另有《睡虎地秦墓竹簡——丙辰年壬午年合刊本》（臺北：里仁書局，1981年11月出版），宋文未載。按此本，乃係文物出版社1977年及1978年出版之《睡虎地秦墓竹簡》的合刊本。唯將簡體字改爲通行字體。

〔註13〕所據以參斟的版本有四，即前註宋文所列之一至四，四種版本。

〔註14〕吳昌廉，〈漢代邊郡障隧組織——漢簡與漢代邊郡之研究〉（油印本，中國文化大學史學研究所博士論文，1983年2月），頁16〜18。

〔註15〕徐蘋芳，〈居延考古發掘的新材料〉，《文史集林》第一輯（臺北：木鐸出版社，1980年10月印行），頁91。佚名，〈居延漢代遺址的發掘和新出土的資料〉，《文史集林》第一輯，頁105。

〔註16〕甘肅省博物館漢簡整理組，〈居延漢簡「相劍刀」冊釋文〉，《敦煌學輯刊》第三期，頁78。

冊、建武五年（29）「居延令移甲渠吏遷補牒」、「塞上蓬火品約」冊、「候史廣德坐不循行部」檄和一些零簡〔註17〕，如「大司農罪人入錢贖品」〔註18〕。對本文的撰寫也提供了一些參考。

　　本文之研究方法，除採用一般性的分析、比較、歸納、綜合等方法外，特重「二重證法」，即凡有新史料可資佐證者，即交互運用新舊史料，以達證史之目的，另外輔以圖表，希望藉此對漢代財政制度有一初步認識，以作為日後研究漢代史的基礎。

〔註17〕吳哲夫、吳昌廉編，《中華五千年文物集刊——簡牘篇一》（臺北：中華五千年文物集刊編輯委員會，1983 年 6 月初版），頁 21～74。
〔註18〕〈居延漢代遺址的發掘和新出土的資料〉，頁 107。

第二章　大司農的起源、沿革、組織與職掌

第一節　大司農的起源

　　大司農的起源，是一個眾說紛紜的問題。研究這個問題，可從文獻的記載及今人的研究成果二方面著手。今人的研究成果，雖然是以文獻的記載為研究基礎，但是大體上不像文獻記載的籠統含糊，同時不因襲舊說，且有以新史料為佐證者，故其發明也多。

　　在文獻的記載中，對於大司農的起源說法，有四種：

　　一、源於古官。

　　二、源於周官。

　　三、源於秦官。

　　四、綜合以上諸說者。

　　（一）主張大司農源於古官者為應劭。其云：

　　　　大司農古官也。唐虞分命羲和四子，敬授民時。〔註1〕

此外應氏又云：

　　　　初秦置治粟內史，掌穀貨。漢因之，景帝更名大農令，武帝更名大
　　　　司農，王莽改曰羲和，又改為訥言，東漢復曰大司農。〔註2〕

〔註 1〕應劭撰，孫星衍校集，《漢官儀》，卷上，葉 10 上。
〔註 2〕前引書，葉 10 下。

後來係承襲了班固的說法〔註3〕，不能視爲應劭的獨立見解。〔註4〕

　　至於應氏所云，大司農古官的說法，也很值得商榷。這一說詞，語意難明，其所指古官，究係爲何官？古官甚多，所掌亦各有不同，若無法確切的指出，則應劭的說法，對研究大司農的起源，並無實質上的助益，僅徒增困惑而已。

　　（二）認爲大司農源於周官者爲鄭玄。其在《周禮・天官》大府條下注云：

　　　大府爲王治府藏之長，若今司農矣。〔註5〕

大府的職掌，根據《周禮》的記載爲：

　　　大府，掌九貢、九賦、九功之貳，以受其貨賄之入，頒其貨于受藏之府，頒其賄于受用之府。〔註6〕

鄭玄注云：

　　　九功謂九職也。受藏之府，若內府也。受用之府，若職內也。凡貨賄皆藏以給用耳，良者以給王之用，其餘以給國之用。〔註7〕

就《周禮》的記載，大府的職掌和大司農的「調均報度，輸漕委輸。」〔註8〕是很類似。但值得注意和討論的爲鄭玄的注。根據鄭玄的說法，受用之府，若職內。職內亦見於《周禮》，鄭玄注云：「職內，主入也，若今之泉所入謂之少內。」〔註9〕在漢代少內爲「掖庭主府藏之官」〔註10〕，「主天子私財」〔註11〕。換言之，少內即是少府〔註12〕，則職內亦即少府。那麼大府所受貨

〔註3〕班固，《漢書》，卷十九〈百官公卿表第七上〉，葉8上～8下。

〔註4〕《漢官儀》現已殘闕不全，今傳本係輯佚本，故應劭雖引用了班固之說，但無法判斷其對班固說法所持的態度。

〔註5〕鄭玄注，賈公彥疏，《周禮注疏》（十三經注疏，臺北：藝文印書館景印，1960年1月再版），卷一，葉13下。

〔註6〕前引書，卷六，葉13上。

〔註7〕同前註。

〔註8〕王隆撰，胡廣注，孫星衍校集，《漢官解詁》（漢官六種，四部備要史部，臺北：臺灣中華書局印行，1973年11月臺三版），葉3下。

〔註9〕《周禮》，卷一，葉15上。

〔註10〕《漢書》，卷七十四〈魏相丙吉傳第四十四〉，葉13下，顏師古注。

〔註11〕司馬遷，《史記》（百衲本，臺北：臺灣商務印書館景印，1976年12月臺四版），卷十一〈孝景本紀〉，葉6上，司馬貞索隱。

〔註12〕楊寬，〈從「少府」職掌看秦漢封建統治者的經濟特權〉，中國秦漢史研究會主編，《秦漢史論叢》第一輯，頁208～226。羅開玉，〈秦國「少內」考〉（《西北大學學報》1981年第三期，1981年8月，頁83～85）云：「漢承襲『少內』

賄除了藏之於內府外，就是頒于職內，以供王室之用，這和大司農的收入，主要是供給軍國之用，是有所區別的。

或以鄭玄亦云，「凡貨賄皆藏以給用耳，良者以給王之用，其餘以給國之用。」〔註13〕和後漢時財政已一元化，歸大司農所掌相類似，自不應排除大府和大司農的關係。誠然，鄭玄很可能是以後漢之制來注《周禮》，但是若以後漢之制來解釋，則受用之府，就不應注爲職內，應云「若司農」較爲合理。

此外，還必須注意的是，《周禮》爲一本引起爭論頗多的書，其所述是否爲周制，亦值得商榷。〔註14〕

（三）大司農源於秦官的說法，見諸《漢書・百官公卿表》：

治粟內史，秦官，……。〔註15〕

踵繼其說的有《初學記》：

初，秦置理（治）粟內史，掌穀貨，漢因之。〔註16〕

又《冊府元龜》亦云：

秦始皇并天下，有治粟內史，掌穀貨，有兩丞。〔註17〕

《漢書・百官公卿表》，是現存記載前漢職官較有系統的著作，但對大司農源於秦官，並未有進一步的說明。《初學記》及《冊府元龜》的說法，係推衍班說，加以確切指出治粟內史始置於秦而已。遂致後人撰述的秦漢職官制度的

制的情況較複雜，有三種情況。一是爲皇室服務的經濟機構。……二是郡國或王國的一些直屬官署中也設有『少內』。……三是兩漢的郡、縣少府在業務上也承襲了秦『少內』的一些因素。」按：皇室的經濟機構即少府。

〔註13〕同註6。

〔註14〕梁啓超認爲「這書（《周禮》）是戰國秦漢之間，一二人或多數人根據從前短篇講制度的書，借來發表個人的主張。（有如黃宗羲的《明夷待訪錄》）主張也不是平空造出來的，一部分是從前制度；一部分是著者理想，惟其根據從前制度，所以有古書可證。」見《古書眞僞及其年代》（臺北：臺灣中華書局，1973年8月臺五版），頁109。又徐復觀以爲「周官乃王莽劉歆們用官制以表達他們政治理想之書。」見《周官成立之時代及其思想性格》（臺北：臺灣學生書局，1980年5月初版），頁3。徐氏之說稍嫌武斷，梁任公之說較持平。又關於《周禮》一書的爭論，亦可參看張心澂撰，《僞書通考》（出版者、時間不詳），頁342～388。

〔註15〕《漢書》，卷十九〈百官公卿表第七上〉，葉8上。

〔註16〕徐堅，《初學記》（四部集要子部，臺北：新興書局，1966年5月新一版），卷十二〈職官部下〉，葉27上。按：「理」字應爲「治」，蓋唐人諱「治」之故。

〔註17〕王欽若、楊億等奉勒撰，《冊府元龜》（臺北：清華書局，1967年3月初版），卷四八三〈邦計部〉，總序，葉5上。

專著，如徐天麟的《西漢會要》、孫楷的《秦會要》，僅徒師班說。故引起了徐復的強烈批評。〔註18〕

（四）綜合以上諸家說法的為沈約，其云：

> 大司農……，舜攝帝位，命棄為后稷，即其任也。周則為太府，秦治粟內史〔註19〕。

沈約此說，很明顯是雜湊而成。應劭云大司農古官，沈氏或以棄為后稷之事充之，后稷所掌為農事，農事僅為大司農的一部份職掌。又太府主貨賄，則后稷與太府二者，實無瓜葛，豈可同等視之。

今人的研究成果中，對於大司農的起源有三說：

一、源於廩人。

二、源於大田。

三、源於內史。

（一）提出大司農源於廩人的為蔡興安。蔡氏的看法為，漢既因秦制而置農官，則秦置治粟內史亦可源於周。周人本重農事，其於農官設置極為詳盡。見諸《周禮》的有廩人、舍人、倉人，廩人掌九穀之數，就職責言，即治粟內史。舍人、倉人就職掌及地位言，蓋廩人之屬。〔註20〕

蔡氏的說法，頗值得商榷：

1. 他認為漢因秦制而置農官，則秦置治粟內史亦可源於周。在基本前提上，他認為治粟內史為農官，但就《漢書・百官公卿表》的記載，治粟內史

〔註18〕孫楷著，徐復訂補，《秦會要訂補》（臺北：鼎文書局，1978年11月初版），卷十四〈職官上〉，頁199，補云：「……又百官表自丞相以下各官，均稱秦置，今知亦不盡然。其中有周室及山東諸侯已有之官，而秦襲用之者，亦有遞相仿效者。在班氏撰次漢官，行文省略，原無不可，而此稱述秦制，因襲損益，所宜詳審。」徐氏此說非常中肯。唯其「又百官表自丞相以下各官，均稱秦置」之斷語，亦有待商榷。按〈百官公卿表〉，自丞相以下各官，並非全稱秦置。如太傅、太師、太子太傅、少傅稱古官，內史、司隸校尉稱周官。

〔註19〕沈約，《宋書》（百衲本，臺北：臺灣商務印書館景印，1976年12月臺四版），卷三十九〈志第二十九・百官上〉，葉21下～22上。金少英，〈秦官考〉（《秦會要訂補附錄》，頁463～528），理（治）粟內史條，引本句，略去「舜攝帝位，命棄為后稷，即其任也。」易使人誤以沈約亦認為大司農源於周之太府。

〔註20〕蔡興安，〈秦代九卿制度考〉（下），《大陸雜誌》第二十六卷第五期（1963年3月），頁26～31。

「掌穀貨」〔註 21〕，是治粟內史並不完全是農官。同時，以漢承秦制，則秦必因周制的說法，祇是想當然耳的推論。

2.蔡氏的主要論據，是《周禮·地官·司徒》第二中的廩人、舍人、倉人等三條記載〔註 22〕。《周禮》一書在前面已提到，是一部爭論頗多的著作，其所述是否爲周制亦值得商榷。但是蔡氏在此，並未曾考慮到此一問題。顯然地，他是認爲《周禮》所述爲周制。既然認爲周官所記爲周制，對於上述《周禮·天官·大府》鄭玄注「若今司農矣」的說法，蔡氏並未提出證據加以反駁，不知是未見此注，或是同意鄭玄的說法。若是贊同鄭注，就蔡氏的觀點而言，已是自我矛盾。

3.《太平御覽》卷二三二〈引齊職儀〉云：

太倉令，周司徒屬官有廩人、倉人，則其職也。〔註 23〕

按據《周禮·地官·司徒》第二中所載廩人、倉人之職，確和太倉的職掌「主受轉漕穀」〔註 24〕較相近。故清代永瑢等撰《歷代職官表》時，將廩人列於倉場衙門之屬〔註 25〕。今人金少英亦與《御覽》的看法相似〔註 26〕。蔡氏似未曾見及此，故因而致誤。

（二）主張大田即大司農者，有曾資生〔註 27〕、林劍鳴〔註 28〕及于豪

〔註 21〕同註 15。

〔註 22〕此三條記載見於《周禮》，卷十六，葉 18 上～22 上。分別爲：

廩人，掌九穀之數，以待國之匪頒、賙食，以歲之上下數邦用，以知足否，以詔穀用，以治年之凶豐。……

舍人，掌平宮中之政，分其財守，以灋（法）掌其出入。……掌米粟之出入，辨其物。歲終，則會計其政。

倉人，掌粟入之藏，辨九穀之物，以待邦用。若穀不足，則止餘灋用，有餘則藏之，以待凶而頒之。

按蔡氏引此時，倉人條「若穀不足」以下，省而未引，致語意不明，而生誤解。

〔註 23〕李昉等奉勅撰，《太平御覽》（國學基本叢書，臺北：新興書局，1959 年 1 月初版），卷二三二〈職官部三十〉，葉 6 下。

〔註 24〕司馬彪撰，劉昭補注，《續漢書志》（百衲本，臺北：商務印書館景印，1976 年 12 月臺四版），卷二十六〈百官三〉，葉 2 上。按范曄《後漢書》無志，今本《後漢書志》，即司馬彪《續漢書志》。

〔註 25〕永瑢等撰，《歷代職官表》（四部備要史部，臺北：中華書局影印），卷八，葉 5 上。

〔註 26〕金少英，前引文，頁 487。

〔註 27〕曾資生，《中國秦漢政治制度史》（臺北：啓業書局，1979 年 10 月臺三版），頁 116。

亮。〔註29〕

曾氏的說法並未提出證據，其云：

> 六國時趙已有大田、大農之官，至秦則曰治粟內史。漢初因之。景
> 帝後元年更名大司農。王莽改大司農曰義和，後又更爲納言。（百官
> 表）東漢復爲大司農。〔註30〕

按：六國之趙國僅有田部吏，職司收租稅〔註31〕，並未見有大田之設。設有
大田者爲齊國，此曾氏也已論及〔註32〕。此云趙有大田，或係齊之誤。又其
云：「景帝後元年更名大司農」，當係筆誤。因景帝時係更名大農令，更名大
司農爲武帝太初元年。〔註33〕

至於大農，僅見於《史記》卷十三，〈三代世表〉：

> 堯知其（后稷）賢才，立以爲大農。〔註34〕

此大農固爲掌農業之官，但其所述爲三代之事，未知是否沿襲至戰國？在文
獻上並不見記載。

林劍鳴的說法甚爲簡略，他的證據除《睡虎地秦簡・秦律十八種・田律》
中的一條記載外，並未提出其他佐證〔註35〕。這一條記載爲：

> 乘馬服牛稟，過二月弗稟、弗致者，皆止，勿稟致。稟大田而無恒
> 籍者，以其致到日稟之，勿深致。〔註36〕

主大田即大司農的三人中，以于豪亮所提出的證據最多。除了前引秦簡田律
外，並引述《晏子春秋・內篇問下第四》：「聞甯戚歌，止車而聽之，則賢人
之風也，舉以爲大田。」及《呂氏春秋・勿躬》：「管子復于桓公曰：墾田大
邑，辟土藝粟，盡地利之力，臣不如遫，請置以爲大田。」二條史料爲佐
證，並進一步指出，《管子・小匡》、《韓非子・外儲說左下》與《呂氏春秋》

〔註28〕 林劍鳴，〈秦代中央官制簡論〉，《西北大學學報》1983 年第一期，頁 32～39。

〔註29〕 于豪亮，〈雲夢秦簡所見職官述略〉，《文史》第八輯（1980 年 3 月），頁 5～
25。

〔註30〕 同註 27。

〔註31〕 《史記》，卷八十一〈廉頗藺相如列傳第二十一・趙奢傳〉，葉 6 下。

〔註32〕 曾資生，《中國先秦政治制度史》（臺北：啓業書局，1979 年 10 月臺三版），
頁 136。

〔註33〕 同註 3。

〔註34〕 《史記》，卷十三〈三代世表第一〉，葉 8 下。

〔註35〕 同註 28。

〔註36〕 睡虎地秦簡研究班，《睡虎地秦簡校註》，《簡牘學報》第十期（1981 年 7 月），
〈秦律十八種〉，〈田律〉，頁 15。

的說法大體相同，只是《管子》「大田」作「大司田」。所以他認為，從所引古籍說明大田是齊國主管農業的官員，《田律》表明秦國主管農業的官員也稱大田。而《漢書・百官公卿表》記載秦以治粟內史主管農業，則秦國主管農業的官員最初稱大田，後來才改稱治粟內史。至西漢景帝改治粟內史為大農令，漢武帝又改稱大司農，其農字與田字義近，似乎有從大田蛻變而來的痕跡。〔註 37〕

綜合三人的說法，他們的基本前提為大司農主管農業，故大田即大司農。前已述及農業僅為大司農的職掌之一，故遽然下斷語云大田即大司農，猶有待商榷。

又對於于豪亮的推論，尚有再進一步討論的需要，于氏的證據除了新史料外，又有文獻的記載，此頗合史學方法上的二重證據法，則他的說法應該不致錯誤。造成于氏錯誤的原因，乃他承襲了姚鼐的說法，認為在前漢初期大內掌財貨，治粟內史管理農業，兩者是平行的機構，大內並不隸屬于治粟內史，治粟內史既管農業，又管財政是在改名大農令及大司農之後〔註 38〕。大司農是否在改名為大農令及大司農之後，才總管農業及財政呢？《史記》卷五十六〈陳丞相世家〉云：

> 孝文皇帝既益明習國家事，朝而問右丞相勃曰：「天下一歲決獄幾何？」勃謝曰：「不知。」問：「天下一歲錢穀出入幾何？」勃又謝不知，汗出沾背，愧不能對。於是上亦問左丞相平。平曰：「有主者。」上曰：「主者謂誰？」平曰：「陛下即問決獄，責廷尉；問錢穀，責治粟內史。」〔註 39〕

此為漢文帝時事，治粟內史即已主錢穀，而治粟內史改稱大農令在漢景帝時，改名大司農則係漢武帝之時。因此，安可謂，大司農掌農業又管財政，為改名之後的事，這一推論顯然是站不住腳的。

（三）持大司農源於內史者有勞貞一先生〔註 40〕、西嶋定生〔註 41〕、楊

〔註 37〕同註 29。

〔註 38〕同前註，大內、少內條。姚鼐的說法及大內的討論，詳本章第三節都內條。

〔註 39〕《史記》，卷五十六〈陳丞相世家第二十六〉，葉 10 下。

〔註 40〕勞榦，〈秦漢九卿考〉，《勞榦學術論文集甲篇下》（臺北：藝文印書館，1976年 10 月），頁 861～866。

〔註 41〕西嶋定生著，黃耀能譯，《白話秦漢史》（臺北：譯者自印、文史哲出版社總經銷，1983 年 10 月初版），頁 71。按此書係 1974 年，日本講談社印行之《中國の歷史》，第二卷〈秦漢帝國〉。

寬〔註42〕、胡四維（A. F. P. Hulsewe）〔註43〕、工藤元男。〔註44〕

　　勞貞一先生云：

> 又治粟內史亦故內史之職，漢時改爲大司農。〔註45〕

西嶋定生云：

> 掌管帝國財政的是治粟內史，這個也是承襲秦制。但從其稱爲內史
> 的地方來看，最初是在京師（首都）掌管財政。但後來擴大爲全國
> 財政的管理機關。〔註46〕

勞貞一與西嶋定生，在睡虎地秦簡尙未出土前，從官名能作此推論，是相當
卓越的一種看法，故工藤元男稱「兩者均爲富有啓示性之見解」。〔註47〕

　　楊寬在 1955 年版的《戰國史》中云：

> 內史的職務是「簡財儉用，察度功德」（《史記·趙世家》），和秦漢
> 時代的治粟內史性質是相同的。〔註48〕

按楊寬的佐證「節財儉用，察度功德」，原文記載爲：

> 番吾君自代來，謂公仲曰：「君實好善，而未知所持。今公仲相趙，
> 於今四年，亦有進士乎？」公仲曰：「未也。」番吾君曰：「牛畜、
> 荀欣、徐越皆可。」公仲乃進三人。……牛畜侍烈侯以仁義，約以
> 王道，烈侯迪然。明日，荀欣侍，以選練舉賢，任官使能。明日，
> 徐越侍，以節財儉用，察度功德。所與無不充，君說。……官牛畜
> 爲師，荀欣爲中尉，徐越爲內史，賜相國衣二襲。〔註49〕

由此可知，「簡財儉用，察度功德」乃是徐越所主張的治國之道，並非指內史
的職務。不過，由徐越因主張「節財儉用，察度功德」而被任命爲內史一事
來看，內史應是掌財政的官員。如此則楊氏內史職務和秦漢時代的治粟內史
性質相同的說法，在基本上並無錯誤。

〔註42〕 楊寬，前引文，頁 209。《戰國史》（上海：上海人民出版社，1955 年 9 月第
　　　　一版），頁 110。同書（1980 年 7 月第一版），頁 208～209、221。
〔註43〕 胡四維撰，詹泓隆、詹益熙合譯，〈1975 年湖北發現之秦文物〉，《簡牘學報》
　　　　第七期（1980 年），頁 358～394。
〔註44〕 工藤元男撰，李守愛譯，〈秦內史〉，《簡牘學報》第十期（1981 年 7 月），頁
　　　　171～195。
〔註45〕 同註 40。
〔註46〕 同註 41。
〔註47〕 同註 44。
〔註48〕 楊寬，《戰國史》（1955 年版），頁 110。
〔註49〕 《史記》，卷四十三〈趙世家第十三〉，葉 16 上。

　　《睡虎地秦簡》出土之後，楊寬亦認為秦簡中之內史即治粟內史〔註50〕。在修訂版《戰國史》中，除了重申舊作之說外，更引秦簡倉律「入禾稼、芻、稟、輒為廥籍，上內史」為佐證，進而申言「內史主要負責徵收田租，掌管『粟米之徵』，所以後來稱為『治粟內史』。」〔註51〕

　　胡四維細審秦簡中有關內史的記載後，認為秦簡中的內史，非掌治京師的內史，而是治粟內史，亦即大司農的前身。其理由為：（一）律法既有效施行於全帝國，則遠離京師的地方政治機構須將其財政事務向位於京師的另一純為地區性的政治機構報告，是不合道理的。（二）據《漢書》記載治粟內史屬官有「郡國諸倉農監都水」。《後漢書》則云，掌諸錢穀金帛貨幣「郡國四時上月旦見錢穀簿，其逋未畢各具別之，邊郡諸官請調度者，皆為報給，損多益寡，取相給足」。〔註52〕

　　胡四維認為秦簡中的內史與《漢書・百官公卿表》及《續漢書・百官志》中所見之治粟內史、大司農之職掌一致，所以主張秦簡中的內史即治粟內史。這一說法，並不十分周延，因為內史的職掌，並非僅限於秦簡中的記載而已。又其認為地方政府的財政事務向位於京師的純地區性政府報告是不合理的看法，亦有待商榷。大司農的屬官斡官初「屬少府，中屬主爵，後屬大司農。」〔註53〕主爵即主爵中尉，「景帝中六年更名都尉，武帝太初元年更名右扶風，治內史右地。」〔註54〕從這段記載，斡官在屬主爵時，很可能以地區性的屬官掌管全國性的事務，否則不大可能再由地方屬官轉隸中央官。所以由地區性的官吏內史掌管全國財政亦有其可能。

　　工藤元男對秦簡所載內史問題的研究，至為詳盡。他就秦簡所載，內史藉掌廥籍而管轄全秦縣倉；由公器製作工廠，以至於公器出入管理、及廢物處理，行使一貫行政支配。認為為了遂行此職掌，在內史之下設太倉及大內，管理縣及都官之糧草、財貨。而此種獨特的內史結構，是為了總裁由商鞅制定之耕戰體制下之財政，而將春秋時代的內史改組而成。秦始皇統一全國後，為了配合帝國時代新局面，從內史分出太倉及大內，構成治粟內史，令其掌管國家財政。而被分為二官之內史，為了處理統一後京師急劇增加之人口，

〔註50〕楊寬，〈從「少府」職掌看秦漢封建統治者的經濟特權〉，頁209。
〔註51〕楊寬，《戰國史》（1980年版），頁221。
〔註52〕同註43。
〔註53〕同註15。
〔註54〕同前註，葉12上。

而重新改組成掌治京師之官。〔註55〕

工藤元男認爲治粟內史是由內史分出的看法，是正確的。但是，他認爲治粟內史是從內史分出太倉及大內構成的，仍有待進一步商榷，爲解決此一問題，必須對秦簡中有關內史的記載，重新檢討。

在睡虎地秦簡中，提到內史者，除了一條見於法律答問外，其餘則見諸秦律十八種中的〈廐苑律〉、〈倉律〉、〈金布律〉、〈均工律〉、〈效律〉和〈內史雜〉。〈內史雜〉含有十一條法規，雖然它標寫著「內史雜」，但是只有一條法規和內史有關。這些有關內史的記載分別爲：

（上略）今課縣、都官公服牛各一課，卒歲，十牛以上而三分一死：不〔盈〕十牛以下，及受服牛者卒歲死牛三以上，吏主者、徒食牛者及令、丞皆有罪。內史課縣，太倉課都官及受服者。　　□

□〔註56〕

入禾稼、芻稾，輒爲廥籍，上內史。芻稾各萬石一積，咸陽二萬一積，其出入、增積及效如禾。　　倉〔註57〕

稻後禾熟，計稻後年。已獲上數，別粲、糯黏稻。別粲、糯之釀，歲異積之，勿增積，以給客，到十月牒書數，上內〔史〕。　　倉

〔註58〕

縣、都官以七月糞公器不可繕者，有久識者靡蚩之。其金及鐵器入以爲銅。都官輸大內，內受賣之，盡七月而畢。都官遠大內者輸縣，縣受賣之。糞其有物不可以須時，求先賣，以書時謁其狀內史。凡糞其不可賣而可以爲薪及蓋蓊（罸）者，用之；毋用，乃燔之。　　金

布〔註59〕

新工初工事，一歲半功，其後歲賦功與故等。工師善教之，故工一歲而成，新工二歲而成。能先期成學者謁上，上且有以賞之。盈期不成學者，籍書而上內史。　　均工〔註60〕

〔註55〕同註44。
〔註56〕睡虎地秦簡研究班，《睡虎地秦簡校註》，秦律十八種，〈廐苑律〉（16～20），頁16。
〔註57〕前引書，秦律十八種，〈倉律〉（28），頁17。
〔註58〕前引書，秦律十八種，〈倉律〉（35～36），頁17。
〔註59〕前引書，秦律十八種，〈金布律〉（86～88），頁20。
〔註60〕前引書，秦律十八種，〈均工〉（111～112），頁22。

禾、芻稾積廥，有贏、不備而匿弗謁，及諸移贏以償不備，群它物當負償而僞出之以被償，皆與盜同法。大嗇夫，丞知而弗罪，以平罪人律論之，又與主廥者共償不備。至計而上廥籍內史。（下略）　　　效〔註61〕

都官歲上出器求補者數，上會九月內史。　　　〔內史〕雜〔註62〕

■「盜出珠玉邦關及賣于客者，上珠玉內史，內史材予購。」何以購之？其耐罪以上，購如捕它罪人；貲罪，不購。〔註63〕

以上所錄秦簡有關內史的記載，胡四維引用了〈金布律〉、〈倉律〉「到十月牒書數，上內〔史〕」、〈內史雜〉、〈法律答問〉等四條〔註64〕。工藤元男引證秦簡的範圍較廣，但是對於上述八條記載，並未完全引作論證，只有引用了〈倉律〉「輒為廥籍，上內史。」〈金布律〉、〈均工律〉、〈內史雜〉等四條〔註65〕。由於其對秦簡中有關內史記載的諸簡未逐一加以討論，遂使其治粟內史以太倉及大內構成的看法，仍有待商榷。

　　前引秦簡法律答問：「盜出珠玉邦關及賣于客者，上珠玉內史，內史材予購。」這是指內史負有管理國內保藏的珠寶，使之不走私到國外的責任。這種保藏珠寶異物的職掌，也為漢代的大司農所承襲。如《後漢書・桓帝紀》云：

嘉禾生大司農帑藏。〔註66〕

同書〈杜喬傳〉：

益州刺史种暠舉劾永昌太守劉君世以金蛇遺梁冀，事發覺，以蛇輸司農。〔註67〕

此外，1979年1月在四川青川縣出土了兩枚秦代木牘，其中一枚文字殘損不清，無法辨識，另一枚正面和背面皆墨書文字，殘損較少，字跡清晰，計有一百二十一字。其正面文字為：

二年十一月己酉朔朔日，王命丞相戊（茂），內史匽，□□更脩為田

〔註61〕前引書，秦律十八種，〈效〉（174～176），頁26。

〔註62〕前引書，秦律十八種，〈內史雜〉（187），頁27。

〔註63〕前引書，〈法律答問〉（140），頁70。

〔註64〕同註43。

〔註65〕同註44。

〔註66〕《後漢書》，卷七〈孝桓帝紀第七〉，葉5下。

〔註67〕《後漢書》，卷六十三〈李杜列傳第五十三〉，葉23上。

律：田廣一步，袤八則爲畛。畝二畛，一百（陌）道。百畝爲頃，
一千（阡）道，道廣三步。封，高四尺，大稱其高。捋（埒），高
尺，下厚二尺。以秋八月，脩封捋（埒），正疆畔，及燮千（阡）百
（陌）之大草。九月，大除道及除澮（澮）。十月爲橋，脩陂隄，利
津□。鮮草，雕（雖）非除道之時，而有陷敗不可行，相爲之□
□。〔註68〕

此一木牘的發現較睡虎地秦簡晚，因之在上述諸家討論大司農的起源時，均
未被引用。由簡文內容「王命丞相戊（茂）、內史匽，□□更脩爲田律」的記
載，可推論內史亦掌農業，否則不會命丞相與其更脩田律，此與漢代大司農
亦掌農業之事正相符合。

由上所述，可知在秦代內史的職務繁多，其中有部分和漢代治粟內史職
掌相同，這些相近的職務亦有工藤元男尚未論及者，故其云治粟內史係由內
史分出的見解雖正確，但指治粟內史是由太倉及大內構成的財政機構的看
法，則未必盡然。

第二節　大司農的沿革

《漢書・百官公卿表》云：

治粟內史，秦官。……景帝後元年（西元前143），更名爲大農令。
武帝太初元年（前104），更名爲大司農。……王莽改大司農曰羲和，
後更爲納言。〔註69〕

這段記載將前漢大司農之沿革，敘述的非常明確，同時也被研究《秦漢政治
制度》的學者奉爲圭臬〔註70〕。但是，另有一個不同的說法，卻被忽略，《史
記・孝景本紀》云：

中六年（前144）……四月，更命廷尉爲大理，將作少府爲將作大

〔註68〕 四川省博物館、青川縣文化館，〈青川縣出土秦更脩田律木牘──四川青川縣
戰國秦墓發掘簡報〉，《文物》1982年第一期，頁1～13。另可參考于豪亮，〈釋
青川秦墓木牘〉，《文物》1982年第一期，頁22～24。李昭和，〈青川出土木
牘文字簡考〉，《文物》1982年第一期，頁24～27。

〔註69〕 《漢書》，卷十九〈百官公卿表第七上〉，葉8上～8下。

〔註70〕 曾資生，《中國秦漢政治制度史》，頁116。陶希聖、沈任遠合著，《秦漢政治
制度史》（臺北：臺灣商務印書館，1967年11月臺一版），頁131。周道濟，
《秦漢政治制度研究》（臺北：作者自印，1968年3月增訂一版），頁40。

匠，主爵中尉爲都尉，長信詹事爲長信少府，將行爲大長秋，大行
爲行人，奉常爲太常，典客爲大行，治粟內史爲大農，以大內爲二
千石，置左右內官屬大內。〔註71〕

由此可知，依《史記》的記載，改官名在景帝中六年四月，但《漢書·景帝
紀》的記載爲「（中六年）十二月，改諸官名。」〔註72〕漢初承秦制，以十月
爲歲首，則《漢書·景帝紀》的記載，較《史記》早了四個月，但二者皆以
改官名在中六年則無疑。再則，所改何官，《漢書·景帝紀》並未詳加說明。
按《漢書·百官公卿表》的記載，除上述大司農改官名年代及大行改行人的
說法，與《史記·景帝本紀》的記載有差異外〔註73〕，其餘在中六年改名諸
官，均相同。

　　《史記·景帝本紀》所記大司農改名時間與《漢書·百官公卿表》所載
相互歧異的問題，前人已有提及〔註74〕。但是並未深入加以剖析。

　　在西漢前期有兩次大規模的改官名，一在景帝中六年，另一在武帝太初
元年。此種改官名的意義，似可由漢代政治的發展來加以說明〔註75〕。太初
元年的改官名，在此暫且不提，至於景帝中六年的改官名，和七國之亂有相
當大的關係。在景帝三年（前154）吳楚七國亂平之後，漢廷爲了徹底解決政
治上的嚴重問題，加強中央政權的鞏固，便進行了一連串的改革，以削弱諸
侯王。首先損抑諸侯王的權力。在「景帝中三年冬，罷諸侯御史中丞。……
中五年（前145）夏，……更命諸侯丞相曰相。」〔註76〕另一方面，繼續採用
了賈誼的眾建分化政策，以削弱諸侯王的勢力〔註77〕。是故，景帝中六年四

〔註71〕《史記》，卷十一〈孝景本紀第十一〉，葉5上～5下。
〔註72〕《漢書》，卷五〈景帝紀第五〉，葉7上。
〔註73〕按：《漢書》，卷十九〈百官公卿表第七上〉，葉7下云：「典客，……景帝中
　　　　六年更名大行令，武帝太初元年更名大鴻臚。屬官有行人、譯官、別火三令
　　　　丞及郡邸長丞。武帝太初元年更名行人爲大行令，初置別火。」據此則景帝
　　　　時未曾改大行爲行人。
〔註74〕梁玉繩，《史記志疑》（廣雅書局刻本，臺北：臺灣學生書局。1970年7月景
　　　　印初版），卷七，葉37上云：「案百官表，景帝後元年更名大農令，此在中六
　　　　年，小異。」
〔註75〕大庭脩，《秦漢法制史の研究》（京都：創文社，1982年2月一版），頁23。
〔註76〕《史記》，卷十一〈孝景本紀第十一〉，葉4上、5上。
〔註77〕傅樂成，《中國通史》（臺北：大中國圖書公司，1978年12月初版），頁138。
　　　　張維華，〈西漢一代之諸侯王國〉，《漢史論集》（濟南：齊魯書社，1980年3
　　　　月一版），頁191。

月，梁孝王武薨，遂將梁國分為五。〔註78〕

經過了一連串的改革措施之後，諸侯王的勢力已削弱，不再是政治上的嚴重問題。為了配合這些改革行動，穩固中央政府，在中央政府的結構，也必須有相對的一些變革。因此，才有中六年的大規模改革，此次的改革除了改官名之外，並定鑄錢偽黃金棄市律〔註79〕，詔有司減笞法，定箠令〔註80〕。在這種大規模的改革下，負責國家財政重任的治粟內史改名為大農令，應是在中六年的改諸官名的行列中較為合理。

再就史漢二書的記載而論，《漢書》在孝武以前襲錄《史記》為主〔註81〕，卻又加以刪削，致有部分與《史記》所載相歧異，此例甚多，就前面所引而言，景帝中六年改官名在《史記‧景帝本紀》記載極為詳盡〔註82〕，在《漢書‧景帝紀》則只云：「改官名」〔註83〕。損抑諸侯王國屬官，在《史記‧景帝本紀》為中三年冬罷諸侯御史中丞，中五年夏更名諸侯丞相曰相〔註84〕。《漢書‧景帝紀》罷諸侯御史中丞作罷諸侯御史大夫官外，二者的時間均與《史記》所載相同〔註85〕。但是在〈百官公卿表〉則為：

> 景帝中五年令諸侯王不得復治國，天子為置吏，改丞相曰相，省御
> 史大夫、廷尉、少府、宗正、博士官，大夫、謁者、郎諸官長丞皆
> 損其員。〔註86〕

在此將中三年及中五年之事混為一談，可知《漢書》的記載不僅和《史記》的記載互有歧異，而且本身也有自相矛盾之處。

從以上所論，治粟內史改為大農令，當以景帝中六年四月為是。

新莽末年，豪傑蜂起，戰亂之餘，制度並無可觀，大抵去王莽之變革，遠紹前漢遺規。就大司農而言，已回復前漢舊稱。劉盆子曾任楊音為大司農

〔註78〕《史記》，卷十一〈孝景本紀第十一〉，葉5上。
〔註79〕同註72。
〔註80〕《漢書》，卷二十三〈刑法志第三〉，葉14下。
〔註81〕趙翼，《二十二史箚記》及補編（臺北：鼎文書局，1975年3月初版），卷二，漢書移置史記文條。吳福助，《史漢關係》（臺中：曾文出版社，1975年4月初版），頁1～18。
〔註82〕同註71。
〔註83〕同註72。
〔註84〕同註76。
〔註85〕《漢書》，卷五〈景帝紀第五〉，葉6上～6下。
〔註86〕前引書，卷十九〈百官公卿表第七上〉，葉15上。

〔註87〕。光武帝建武二年（26），亦拜李通為大司農〔註88〕，此後至東漢末年，未曾更易。簡而言之，兩漢大司農的沿革略如下表：

表一：兩漢大司農沿革表

次序	名　稱	時　　　　間	次序	名　稱	時　　　　間
一	治粟內史		二	大農令	漢景帝中六年（前144）
三	大司農	漢武帝太初元年（前104）	四	羲　和	王莽始建國元年（西元9）
五	納　言	王莽	六	大司農	後漢

　　兩漢以降，設有大司農、司農寺、司農卿或大司農司者，計有魏〔註89〕、蜀、吳〔註90〕、晉〔註91〕、宋〔註92〕、齊〔註93〕、梁、陳〔註94〕、北魏〔註95〕、北齊〔註96〕、隋〔註97〕、唐〔註98〕、宋〔註99〕、元〔註100〕、但自漢以後，政

〔註87〕《後漢書》，卷十一〈列傳卷第一・劉盆子傳〉，葉18。
〔註88〕前引書，卷十五〈列傳第五・李通傳〉，葉3下。
〔註89〕陳壽，《三國志》（百衲本，臺北：臺灣商務印書館景印，1976年12月臺四版）。《魏書》，卷十五〈梁習傳〉，葉8下云：「太和二年（229），徵拜大司農。」
〔註90〕洪飴孫，《三國職官表》（二十五史補編，臺北：開明書店，1959年6月臺一版），頁27。
〔註91〕唐太宗御撰，《晉書》（百衲本，臺北：臺灣商務印書館景印，1976年12月臺四版），卷二十四〈志第十四・職官〉，葉9上，大司農條。
〔註92〕同註19。
〔註93〕蕭子顯，《南齊書》（百衲本，臺北：臺灣商務印書館景印，1976年12月臺四版），卷十六〈志第八・百官〉，葉8上，大司農條。
〔註94〕杜佑，《通典》（臺北：新興書局，1965年3月新一版），卷二十六〈職官八〉，頁153，云：「梁司農卿，位視散騎常侍，主農功倉稟，陳因之，後魏曰大司農，北齊曰司農寺。」
〔註95〕魏收，《魏書》（百衲本，臺北：臺灣商務印書館景印，1976年12月臺四版），卷一一三〈官氏志〉，葉10上，大司農條。
〔註96〕同註94。
〔註97〕魏徵，《隋書》（百衲本，臺北：臺灣商務印書館景印，1976年12月臺四版），卷二十八〈志第二十三・百官下〉，葉4下，司農寺條。
〔註98〕劉昫等撰，《舊唐書》（百衲本，臺北：臺灣商務印書館景印，1976年12月臺四版），卷四十四〈志第二十四・職官三〉，葉14下，司農寺條。
〔註99〕脫脫，《宋史》（百衲本，臺北：臺灣商務印書館景印，1976年12月臺四版），卷一六五〈志第一一八・職官五〉，葉6上，司農寺條。
〔註100〕宋濂，《元史》（百衲本，臺北：臺灣商務印書館景印，1976年12月臺四版），卷八十七〈志卷第三十七〉，葉2上，大司農司條。

治制度已由漢代公卿型逐漸演變爲唐的三省型〔註 101〕，尚書六部侵九卿之權，參預行政，寺監已成爲事務官〔註 102〕。大司農的職權已被度支尚書、戶部尚書所取代，僅爲掌倉儲諸事，成爲純管農業之官，論地位、職權已不若兩漢時代之崇高。

第三節　大司農的組織

　　關於大司農的組織，在文獻上的記載，主要見諸《漢書·百官公卿表》、《續漢書·百官志》及《漢官》。《漢書·百官公卿表》云：

> 治粟內史，秦官，掌穀貨，有兩丞。……屬官有太倉、均輸、平準、都內、籍田五令丞，斡官，鐵市兩長丞。又郡國諸倉、農監、都水六十五官長丞皆屬焉。搜粟都尉，武帝軍官，不常置。……初斡官屬少府，中屬主爵，後屬大司農。〔註 103〕

《續漢書·百官志》則云：

> 大司農，卿一人，中二千石。……丞一人，比千石。部丞一人，六百石。
>
> 太倉令一人，六百石。……丞一人。
>
> 平準令一人，六百石。……丞一人。
>
> 導官令一人，六百石。……丞一人。
>
> 右屬大司農。本注曰：郡國鹽官、鐵官本屬司農，中興皆屬郡縣。又有廩犧令，六百石，掌祭祀雁鶩之屬。及雒陽市長，滎陽敖倉官，中興皆屬河南尹。餘均輸等皆省。〔註 104〕

《漢官》對大司農的編制員額，作了較詳盡的記載：

> 大司農，員吏百六十四人，其十八人四科，九人斗食，十六人二百石，文學二十人百石，二十五人佐，七十五人學事，一人官醫。
>
> 大倉，員吏九十九人。
>
> 平準，員吏百九十人。

〔註 101〕湯承業，《中國政治制度史》（臺北：黎明文化事業股份有限公司，1980 年 6 月初版），頁 237。

〔註 102〕嚴耕望，〈論唐代尚書省之職權與地位〉，《唐史研究叢稿》（香港：新亞研究所，1969 年 10 月初版），頁 2～3。

〔註 103〕同註 3。

〔註 104〕《續漢書志》，卷二十六〈百官三〉，葉 2 上～2 下。

導官，員吏百一十二人。〔註105〕

《漢官》之記載，亦見諸《續漢書・百官志》劉昭注〔註106〕。其記載殆爲後漢制度無疑。因此上引三段文獻記載可分成二類：（一）《漢書・百官公卿表》所言爲前漢之大司農組織；（二）《續漢書・百官志》及《漢官》所云爲後漢之制。由此尚可看見：

1. 大司農之組織至後漢時，基本上已產生變化，略有增減。

2. 大司農屬官，有未見諸《漢書・百官公卿表》，而載於《續漢書・百官志》及《漢官》者，該等職官是否在前漢即已隸屬大司農或已設置未屬大司農？若是則其衍變情形如何？

3. 有確係大司農屬官，然散見於兩漢書各卷中，而獨未載諸〈百官公卿表〉、〈百官志〉及《漢官》者。

所以欲對大司農之組織做詳盡的認識，必須重新歸納分類敘述：

一、行政組織

（一）丞

《漢書・百官公卿表》云：

治粟內史，秦官，掌穀貨，有兩丞。〔註107〕

按丞的職掌，在《漢書》中未曾明白指出，據此而言，顯然是助大司農掌穀貨之官。劉昭在《續漢書・百官志》亦注云：

《古今注》曰：「建初七年（82）七月，爲大司農置丞一人，秩千石，別主帑藏」，則部丞應是而秩不同。應劭《漢官》秩亦云二千石。〔註108〕

劉昭引《古今注》所載，使我們對大司農丞的職掌有了較明白的認識，但是其云「部丞應是而秩不同」，則有待商榷，蓋《古今注》云「別主帑藏」，與「部丞主帑藏」〔註109〕，二者顯然有差異，「別」有另外之意，則大司農丞之主帑藏顯係兼領非其本職。

〔註105〕孫星衍校集，《漢官》（四部備要史部，漢官六種，臺北：臺灣中華書局，1973年1月臺三版），葉3下～四上。

〔註106〕同註104。

〔註107〕同註103。

〔註108〕同註104。

〔註109〕同前註。

大司農丞既僅係兼財政之官，則其所掌爲何？按就《漢書·百官公卿表》的書法，大司農丞不列在屬官之列〔註110〕，其位當在其他屬官之上，又據劉昭注引《古今注》的說法，大司農丞秩千石，亦遠高出其他大司農屬官之秩。故大司農丞的眞正職掌，除了協助大司農掌穀貨之外，當也協助處理日常政務，其位應該是相當於秘書或秘書長之流。

（二）大司農屬吏

大司農屬吏，見於《漢書》者有大司農史〔註111〕、斗食〔註112〕，另據前引《漢官》所載，則有四科、斗食、二百石、文學、佐、學事、官醫等級。按此係漢代各官署的基本幕僚組織，其差異僅在員額的編制不同〔註113〕。大司農此等屬吏，除大司農史、斗食外，其餘《漢書》皆失載。至於其職掌爲何全未見記載，然其既然爲員吏，級秩又低，不可能有獨當一面的職務，故其職當係襄助大司農處理日常業務而已。

二、財政組織

（一）丞

丞爲兼掌財政之官，在行政組織已論及，在此不再贅述。

（二）中　丞

《漢書·食貨志》云：

> 桑弘羊爲大司農中丞，管諸會計事。〔註114〕

《漢書·成帝紀》永始二年（前15）十二月詔書云：

> 常侍（王）閎前爲大司農中丞，數奏昌陵不可成。……閎典主省大費，民以康寧。（師古曰：「司農中丞主錢穀顧庸，故云典主。」）〔註115〕

是大司農屬官有中丞，亦爲職司財政之官。然王先謙云：

> 大司農屬，無中丞，中字衍。平準書正作大農丞。《通鑑》據漢志錄之。胡三省云：「今置中丞，其位當在兩丞上。」然〈百官表〉所無，

〔註110〕同註103。

〔註111〕《漢書》，卷七十八〈蕭望之傳第四十八〉，葉12下。

〔註112〕《漢書》，卷八十三〈薛宣朱博傳第五十三〉，葉1上。

〔註113〕見《漢官》，葉1上～6上。

〔註114〕《漢書》，卷二十四〈食貨志第四下〉，葉12上。

〔註115〕《漢書》，卷十〈武帝紀第十〉，葉11下～12上。

當以平準書爲正。胡氏臆說，不可據也。〔註116〕

王先謙以「平準書正作大農丞」及〈百官表〉所無」，而指胡三省爲「臆說，不可據」。但是王氏忽略了一個事實，大司農中丞在《漢書》中曾出現多次，且任其職而可考知姓名者有四人，現表列如下：

表二：大司農中丞表

姓　名	出　　　　　　處	備　　　註
桑弘羊	《漢書・食貨志》。	
麻　光	《漢書・律曆志》。	全銜爲「治歷大司農中丞麻光」。
耿壽昌	《漢書・宣帝紀》、〈食貨志〉、〈段常甘鄭傳〉、〈蕭望之傳〉、〈酷吏傳〉、〈嚴延年傳〉。《續漢書・律曆志》。	酷吏傳嚴延年傳作「司農中丞」。
王　閎	《漢書・宣帝紀》。	

可知前漢確有大司農中丞一官之設置〔註117〕。然其與大司農之關係如何？沈欽韓云：

丞，表云兩丞者，一是丞，一是中丞，如御史兩丞也。〔註118〕

錢大昭亦云：

蓋如御史大夫有兩丞，一曰中丞矣。〔註119〕

沈、錢二氏，皆認爲大司農中丞，爲大司農兩丞中之一丞。周筠溪〔註120〕、陳直〔註121〕亦持相同看法。周壽昌〔註122〕、安作璋〔註123〕卻認爲大司農丞

〔註116〕王先謙，《漢書補注》（藝文二十五史，臺北：藝文印書館影印，武英殿本），卷二十四〈食貨志第四下〉，葉14上。

〔註117〕施之勉，《漢書補注辨證》（香港：新亞研究所，1961年10月初版），頁119～120。施氏指出大司農屬官有中丞，但並未作進一步析論。

〔註118〕沈欽韓，《漢書疏證》（清鈔本，中央圖書館藏善本書），卷五〈百官上〉，葉45下。

〔註119〕錢大昭，《漢書辨疑》（百部叢書集成之八十六，史學叢書第四函，臺北：藝文印書館，1964年影印），卷九，葉4上。

〔註120〕周筠溪，〈西漢財政制度之一班〉，《食貨半月刊》第三卷第八期，1936年3月，頁26。

〔註121〕陳直，《漢書新證》（周陳二氏漢書補證合刊，臺北：鼎文書局，1977年8月初版），卷一〈百官公卿表第七上〉，頁46。

〔註122〕周壽昌，《漢書注校補》（周陳二氏漢書補證合刊，臺北：鼎文書局，1977年8月初版），卷十一〈百官公卿表第七上〉，頁157。

亦稱大司農中丞。此二說顯然有待商榷。

　　按由前述，已可確定大司農中丞，係大司農的屬官。又在見諸《漢書》記載的大司農中丞四人之一的麻光，其全銜爲「治歷大司農中丞麻光」〔註124〕。這雖是唯一的記載，但卻彌足珍貴，其不云「治歷大司農丞麻光」，而言「治歷大司農中丞麻光」，反映出了一個事實，大司農中丞，既不是大司農丞，也不是大司農兩丞之一。而大司農中丞是否如胡三省所云「其位當在兩丞上」〔註125〕，因史料闕漏，不敢妄作斷語。至後漢，大司農中丞或省或仍設，亦因史料無徵，不可得而知。

（三）部　丞

　　根據《漢書》記載，大司農部丞在前漢僅與鹽鐵及農業有關〔註126〕，但是《續漢書・百官志》本注云：「部丞主帑藏。」〔註127〕可知部丞是掌理財政的職官之一。然而在前漢是否即已是理財之官，《續漢書》雖未明言，但從其特爲注說，證明是有所本，因之部丞在前漢，也有可能爲理財之官，只是漢書中缺載而已。

（四）都內令、丞

　　都內之設，始於何時不可考，至後漢則已省置〔註128〕。有關其職掌的記載，見諸《漢書・食貨志》：

　　　廼募豪民田西南夷，入粟於縣官，而受錢於都內。〔註129〕

同書〈王嘉傳〉云：

　　　都內錢四十萬萬，水衡錢二十五萬萬，少府錢十八萬萬。〔註130〕

又〈張安世傳〉云：

〔註123〕安作璋，〈西漢農官的建置及其作用〉，《漢史初探》（上海：學習生活出版社，1955年9月第一版），頁5。

〔註124〕《漢書》，卷二十一〈律曆志第一上〉，葉18上。

〔註125〕司馬光，《資治通鑑》（臺北：建宏出版社，1977年出版）卷二十〈漢紀十二〉，頁655，武帝元鼎二年（前115）三月條，胡三省注。

〔註126〕關於部丞與鹽鐵及農業的討論，參本節專賣組織、農官組織條。

〔註127〕同註108。

〔註128〕《續漢書志》，卷二十六〈百官三〉，葉2下云：「餘均輸等皆省。」可知凡未見諸《續漢書・百官志》所載之前漢大司農屬官，在後漢皆已省略。

〔註129〕《漢書》，卷二十四〈食貨志第四下〉，葉6下。

〔註130〕前引書，卷八十六〈何武王嘉師丹傳第五十六〉，葉11上。

詔都內別藏張氏無名錢。〔註131〕

就這些記載而言，都內亦為理財之官。但是司馬貞在《史記・平準書》「漕轉山東粟，以給中都官。」〔註132〕下注云：

中都猶都內也，皆天子之倉府。以給中都官者，即今太倉以畜官儲是也。〔註133〕

其意指都內為諸倉之一，此為小司馬之誤。

又《漢書・外戚恩澤侯表》，陽城侯田延年條下云：

（本始元年〔前 73〕）八月辛未封。二年，坐為大司農盜都內錢三千萬自殺。（如淳曰：「天子錢藏中都內，又曰大內。」）〔註134〕

同書〈嚴助傳〉云：

越人名為藩臣，貢酎之奉，不輸大內。（應劭曰：「……大內，都內也，國家寶藏也。」）〔註135〕

據此則都內即大內。按大內之名不見諸《漢書・百官公卿表》大司農條下，但在《史記・景帝本紀》云：

中六年……，治粟內史為大農，以大內為二千石，（集解：韋昭曰：「大內，京師府藏。」）置左右內官屬大內。（索隱曰：「主天子之私財曰小內，小內即屬大內也。」）〔註136〕

則大內是為大司農屬官。大內在秦時已設置，《睡虎地秦簡・金布律》云：

縣、都官以七月糞公器不可繕者，有久識者靡蚩之。其金及鐵器入以為銅。都官輸大內，內受賣之，盡七月而畢。都官遠大內者輸縣，縣受賣之。糞其有物不可以須時，求先賣，以書時謁其狀內史。……

已稟衣，有餘褐十以上，輸大內，與計偕。都官有用□□□□其官，隸臣妾、舂城旦毋用。在咸陽者致其衣大內，在它縣者致衣從事之

〔註131〕前引書，卷五十九〈張湯傳第二十九〉，葉 11 上。
〔註132〕《史記》，卷三十〈平準書第八〉，葉 2 上。
〔註133〕同前註。
〔註134〕《漢書》，卷十八〈外戚恩澤侯表第六〉，葉 6 上。
〔註135〕前引書，卷六十四上〈嚴朱吾丘主父徐嚴終王賈傳第三十四上〉，葉 3 下。
〔註136〕《史記》，卷十一〈孝景本紀第十一〉，葉 5 下～6 上。按小內，新校本作少內，則小內即少內。關於少內的討論，可參考羅開玉〈秦國少內考〉及于豪亮〈雲夢秦簡所見職官述略〉二文。

縣。縣、大內皆聽其官致，以律稟衣。〔註137〕

由前述可知，大內爲大司農屬官，且係秦制。但大內是否如應劭、如淳所說的即都內呢？姚鼐云：

> 後人率稱天子宮中爲大內，誤會此書之語。應、顏以官解之，是也。而即以大內爲都內，則尚非也。蓋武帝太初以後，國家穀貨統於大司農。若漢初之制，則治粟內史自掌穀粟，大內自掌財貨。故〈景帝紀〉云，中六年以治粟內史爲大農，以大內爲二千石，置左右內官屬大內，是大農大內各爲一職之徵也。淮南上書在建元六年，其時大內之官固在，及後更定官制，裁大內之官，而左右內官之名亦去，更設均輸、平準、都內之官，以領左右內史之舊職，而皆屬于大司農，然則大司農誠掌穀貨矣。若爲治粟內史之時，但掌穀耳。〔註138〕

綜觀姚氏的說法：（一）在漢初之制，治粟內史掌穀粟，大內掌財貨，二者是平行的機構。（二）後來更定官制時，裁去大內，而另設都內等官，故大內非都內。王先謙在《漢書補注》中亦採用了此一說法〔註139〕。此外，于豪亮也同意了治粟內史和大內二者平行的論點，但是認爲大內和都內級職雖不同，性質還是一樣的，大內併入大司農後，就可謂都內。〔註140〕

　　在本章第一節討論大司農是否源於大田時，曾引《史記·陳丞相世家》中，文帝與周勃、陳平之問答，已證明漢初錢穀皆由治粟內史所掌。又前引秦簡〈金布律〉中有「粪其有物不可以須時，求先賣，以書時謁其狀內史。」一句，其意爲，都官處理官有器物時，有些不能拖延時間，應以文書將其情形及時報告內史。按就秦簡的記載，都官必須將物品運交大內，由大內處理，但有因時制宜必要時，卻必須報告內史，顯然大內是內史的屬官，非與內史平行之官。于豪亮引用了金布律的同一記載時，將「粪其有物」以下全部省略，故造成了他的誤解。至於大內是否即都內的問題，在目前尚未有新史料證明如淳及應劭的說法是錯誤之前，仍應以如、應的看法爲是，即大內爲都內。

〔註137〕同註59。

〔註138〕姚鼐，《惜抱軒筆記》（《惜抱軒全集》，四部備要，臺北：中華書局影印），卷四，葉15下～16上。

〔註139〕王先謙，《漢書補注》，卷六十四〈嚴朱吾丘主父徐嚴終王賈傳第三十四上〉，葉3下。

〔註140〕同註29。

三、倉儲與漕運組織

（一）太倉令、丞

太倉令、丞，沈約認爲係秦官〔註141〕。證諸睡虎地秦簡，其言不虛。按《睡虎地秦簡·廐苑律》云：

> 內史課縣，太倉課都官及受服者。〔註142〕

〈倉律〉云：

> 縣上食者籍及它費太倉，與計偕。〔註143〕

太倉之職在秦時已設置，但在《漢書·百官公卿表》上的記載卻非常的簡略，只在〈律曆志〉中指出：

> 夫量者，躍於龠，合於合，登於升，聚於斗，角於斛也。職在太倉，
> 大司農掌之。（師古曰：「米粟之量，故在太倉。」）〔註144〕

可知米粟之量，係由大司農及太倉所掌。何以米粟之量爲太倉之職？可由後漢之制考諸。按後漢時，太倉令「主受郡國傳漕穀。」〔註145〕則米粟等穀物之調撥及進出倉儲，必須加以衡量，故量器由太倉掌之。同時太倉既收受郡國傳漕穀，則米粟亦必爲其所管，故太倉令當爲倉儲的主管。

又太倉受郡國傳漕穀，則太倉當係轉漕的終點。兩漢轉漕制度，由於受史料的限制，尚無法做一明白的推論。然據《漢官解詁》云：「司農，調均報度，輸漕委輸。」〔註146〕則漕運因大司農職掌過多，而以受轉漕穀之太倉主管太倉令專責漕運的推論，應該是可信的。〔註147〕

（二）郡國諸倉長、丞

太倉主受郡國轉漕穀，則其倉儲之設，應不僅限於中央，郡國亦必有同樣的機構。《漢書·百官公卿表》有云：「又郡國諸倉、農監、都水六十五官長丞皆屬焉。」〔註148〕此郡國諸倉殆爲太倉令所直轄。

〔註141〕沈約，《宋書》，卷三十九〈志第二十九·百官上〉，葉22上。

〔註142〕《睡虎地秦簡校註》，秦律十八種，廐苑律（20），頁16。

〔註143〕前引書，秦律十八種，倉律（37），頁17。

〔註144〕《漢書》，卷二十一〈律曆志第一上〉，葉10下～11上。

〔註145〕同註104。

〔註146〕王隆，《漢官解詁》，葉3下。

〔註147〕譚宗義，〈兩漢漕運考〉，《大陸雜誌》第三十五卷第七期（1967年10月），頁18。

〔註148〕同註103。

郡國諸倉，就《史記》、《漢書》所載，有齊太倉〔註149〕、長安倉〔註150〕、敖倉〔註151〕、根倉、濕倉〔註152〕、河內倉〔註153〕；《居延漢簡》中則有肩水倉長〔註154〕。另外陳直據出土器物銘文，又考得陽周倉長、定陶都倉、海曲倉、略倉、膾倉、華倉〔註155〕。嚴耕望也考得羊腸倉。〔註156〕

（三）治粟都尉

治粟都尉，不見諸《漢書・百官公卿表》，致有以爲即搜粟都尉者〔註157〕，也曾被誤做治粟內史〔註158〕。其所以致誤原因，乃桑弘羊曾歷任治粟都尉與搜粟都尉，《史記・平準書》云：

> 其明年，元封元年（前110），……而桑弘羊爲治粟都尉領大農，盡代僅筦天下鹽鐵。〔註159〕

《漢書・西域傳》云：

> 搜粟都尉桑弘羊與丞相御史奏言。〔註160〕

〔註149〕《史記》，卷一五〇〈扁鵲倉公列傳第四十五〉，葉7下。
〔註150〕《漢書》，卷八〈宣帝紀第八〉，葉7上。
〔註151〕前引書，卷二十八〈地理志第八上〉，葉16下。
〔註152〕同前註，葉14上。
〔註153〕前引書，卷五十〈張馮汲鄭傳第二十〉，葉7上。
〔註154〕《居延漢簡新編》，頁8。
三月丙午張掖長史延行太守事肩水倉長湯兼行承事下屬國農部都尉小府縣官承書從事下當用者如詔書／守屬字助府佐定（10.32）
〔註155〕陳直，《漢書新證》，頁48。
〔註156〕嚴耕望，《中國地方制度史上編》，卷上〈秦漢地方行政制度〉（臺北：中央研究院歷史語言研究所，1974年12月再版），頁191。
〔註157〕周壽昌，《漢書注校補》，頁157，搜粟都尉下云：「案高帝時，韓信初爲治粟都尉，即此。」安作璋，〈西漢農官的建置及其作用〉，頁5，云：「與大司農平行的尚有搜粟都尉（或稱治粟都尉）。」
〔註158〕朱希祖，《桑弘羊年表》，〈桑弘羊之經濟政策〉附錄，《朱希祖先生文集》（三），（臺北：九思出版有限公司；1979年7月臺一版），頁206，云：「〈平準書〉〈食貨志〉均謂桑弘羊以治粟內史領大農。」勞榦，〈漢代的政制〉，《中國政治思想與制度史論集》（三）（現代國民知識基本叢書，臺北：中華文化事業委員會，1961年1月再版），頁12，云：「秦又設治粟內史，漢初稱治粟都尉。」嚴耕望，《中國地方行政制史上篇》，卷上〈秦漢地方行政制度〉，頁195，引《漢書・食貨志》下云：「元封元年。……桑弘羊爲治粟內史領大農。」金少英，〈秦官考〉，頁486，云：「《史記》：韓信歸漢，漢以爲治粟內史。」以上諸家皆將治粟都尉誤作治粟內史。
〔註159〕《史記》，卷三十〈平準書第八〉，葉18下。
〔註160〕《漢書》，卷九十六〈西域傳第六十六下〉，葉10上。

〈霍光金日磾傳〉云：

> 後元二年（前87）春……搜粟都尉桑弘羊爲御史大夫。〔註161〕

由前可知，桑弘羊任治粟都尉在元封元年，而其任搜粟都尉，據《漢書‧百官公卿表》天漢元年（前100）條所載：「大司農桑弘羊，四年貶爲搜粟都尉。」〔註162〕則桑弘羊任治粟都尉爲元封元年至太初四年（前101），天漢四年（前97）始任搜粟都尉。又在太初三年（前100）有搜粟都尉上官桀〔註163〕，若以治粟都尉即搜粟都尉而言，則同時有二搜粟都尉，頗令人質疑。另外再從設置的時間上論，據《史記‧淮陰侯列傳》所載：

> （韓）信亡楚歸漢，……上拜以爲治粟都尉。〔註164〕

則漢初即有治粟都尉，而搜粟都尉則爲武帝所置〔註165〕。二者設置的時間既不同，豈可謂治粟都尉即搜粟都尉。較爲持平的看法爲治粟都尉和搜粟都尉有一段時間係同時存在，此後治粟都尉即被省而未置。

關於治粟都尉的職掌，在現存史料中無法詳考。就其在漢初的情形及字面判斷，當係倉儲之官。

（四）護漕都尉

護漕都尉，並未見諸《漢書‧百官公卿表》及《續漢書‧百官志》。但《漢書‧朱博傳》云：

> 徙爲并州刺史、護漕都尉，遷琅珢太守。〔註166〕

《後漢書‧光武帝紀》云：

> （建武七年〔31〕）二月辛巳，罷護漕都尉。〔註167〕

可知護漕都尉前漢已設，至後漢光武帝時方罷。然有謂「此官似非常置，在特殊情況下始置。」〔註168〕就現有史料而言，此說似可成立，但就兩漢政制而言，常有前漢設置，而後漢才省置者，故不宜因史料殘闕而驟下斷語。

〔註161〕前引書，卷六十八〈霍光金日磾傳第三十八〉，葉2上。
〔註162〕前引書，卷十九〈百官公卿表第七下〉，葉8下。
〔註163〕同前註，葉8上。
〔註164〕《史記》，卷九十二〈淮陰侯列傳第三十二〉，葉1下～2上。
〔註165〕同註103。
〔註166〕《漢書》，卷八十三〈薛宣朱博傳第五十三〉，葉12上。
〔註167〕《後漢書》，卷一〈帝紀第一下〉，葉4下。
〔註168〕同註147。

護漕都尉的職掌，就現有史料亦無法判斷。然漢制郡國之粟，完全依中央命令，或存本郡，或漕集京師，或轉漕他郡〔註169〕。則護漕都尉，當係負責轉漕任務之轉漕官。

（五）委輸官

《漢書‧鮑宣傳》云：

> 龔勝爲司直，郡國皆愼選舉，三輔委輸官不敢爲姦，可大委任。（師古曰：「委輸，謂輸委積也。」）〔註170〕

據此對委輸官之認識尙不十分淸楚。《漢官解詁》云：「司農調均報度，輸漕委輸。」胡廣注云：

> 邊郡諸官請調者，皆有調均報給之也。以水通輸曰漕。委，積也。
>
> 郡國所積聚金帛貨賄，隨時輸送諸司農曰委輸，以供國用。〔註171〕

《漢書‧王遵傳》亦將「軍糧委輸」連用〔註172〕。則委輸官當是轉漕之官，其所轉輸之物除米粟之外，尙有其他財物之輸送。〔註173〕

（六）漕 卒

《漢書‧食貨志》云：

> 時大司農中丞耿壽昌以善算能商功利得幸於上，五鳳中奏言：「故事：歲漕關東穀四百萬斛以給京師，用卒六萬人。宜糴三輔、弘農、河東、上黨、太原郡穀足供京師，可以省關東漕卒過半。」〔註174〕

可知漕卒係最基層的漕運工作者，其當是由力役征發而來。

四、農官組織

由前引《漢書‧百官公卿表》所載，知大司農屬官中有農監，農監當即農官〔註175〕。前漢水衡、少府、大農、太僕各設有農官〔註176〕。此爲直屬中

〔註169〕嚴耕望，《中國地方行政制度史上篇》，頁134。
〔註170〕《漢書》，卷七十二〈王貢兩龔鮑傳第四十二〉，葉27上。
〔註171〕同註145。
〔註172〕《漢書》，卷七十六〈趙尹韓張兩王傳第四十六〉，葉22上。
〔註173〕《漢書》，卷二十四〈食貨志第四下〉，葉17下云：「置平準於京師，都受天下委輸。」
〔註174〕前引書，卷二十四〈食貨志第四上〉，葉17上。
〔註175〕嚴耕望，《中國地方行政制度史上篇》，頁190。
〔註176〕《史記》，卷三十〈平準書第八〉，葉15下。

央的農官，此外在郡縣及邊郡亦各設有農官，郡縣的農官有勸農掾、田曹、三老、孝弟力田，為郡縣的常員〔註177〕，直轄郡太守或縣令，非大司農所管轄。邊郡的農官即屯田官，受大司農的管轄，與農監一樣應是直屬中央的農官。在直屬中央的農官中，水衡、少府、太僕之農官，非關本文主旨，於此暫不討論。現就載籍所見之屬大司農農官逐一論述如後：

（一）部　丞

《漢書・平帝紀》，元始元年（西元元年）云：

> 置少府海丞、果丞各一人。大司農部丞十三人，人部一州，勸農桑。〔註178〕

此大司農部丞當係中央派往各州郡督課農桑的專使，是為農官。

（二）搜粟都尉

根據前引《漢書・百官公卿表》的記載，係武帝時設置的軍官。至後漢則未見此官之記載。〈百官公卿表〉雖云軍官，但在現存的史料中，除了李廣利伐大宛時，有搜粟都尉上官桀參與軍事任務的記載外〔註179〕，搜粟都尉似乎是不以武職為主。《漢書・食貨志》云：

> 武帝末年悔征伐之事，迺封丞相為富民侯。下詔曰：「方今之務在於力農，以趙過為搜粟都尉。」過能為代田，一晦三甽，歲代處，故曰代田，古法也。〔註180〕

可見搜粟都尉最主要的職掌為農事，亦為農官。又〈食貨志〉有：「趙過奏平都令光以為丞。」〔註181〕陳直據此認為搜粟都尉當有一丞。〔註182〕

（三）稻田使者

稻田使者，僅見於前漢昭帝時，時左將軍上官桀等反謀，「稻田使者燕倉先發覺，以告大司農敞。」如淳注曰：

> 特為諸稻田置使者，假與民，收其稅入也。〔註183〕

〔註177〕安作璋，前引文，頁12。
〔註178〕《漢書》，卷十二〈平帝紀〉，葉4上。
〔註179〕前引書，卷六十一〈張騫李廣利傳第三十一〉，葉12下。
〔註180〕同註173，葉15下。
〔註181〕同前註。
〔註182〕陳直，《漢書新證》，頁49。
〔註183〕《漢書》，卷七〈昭帝紀第七〉，葉6上。

可知稻田使者為大司農所屬農官，經營大司農之公田〔註 184〕。其設置當在昭帝之前已有之〔註 185〕，或稱「假稻田使者」。〔註 186〕

（四）田　官

《史記・平準書》云：

> 初置張掖酒泉郡，而上郡、朔方、西河、河西開田官，斥塞卒六十萬人屯戍。〔註 187〕

《漢書・匈奴傳》：

> 是後匈奴遠遁，而幕南無王庭，漢度河自朔方以西至令居，往往通渠置田官，吏卒五六萬人，稍蠶食，地接匈奴以北。〔註 188〕

《鹽鐵論》云：

> 太僕、水衡、少府、大農，歲課諸入田牧之利，池籞之假，及北邊置任田官以贍用，而猶未足。〔註 189〕

《居延漢簡》亦有田官記載：

> 甲渠候官神爵五年正月田官輸□□。（271.10）

從以上所引，田官似和農官之意相類，是一個總稱詞〔註 190〕。但田官又有冠以地名者，如《漢書・元帝紀》：

> 罷角抵上林宮館、希御幸者、齊三服官、北假田官、鹽鐵官、常平倉。〔註 191〕

〈食貨志〉云：

> 諸儒多言鹽鐵官及北假田官，常平倉可罷。〔註 192〕

〔註 184〕《史記》，卷三十〈平準書第八〉，葉 15 下云：「水衡、少府、大農、太僕各置農官，往往即郡縣比沒入田，田之。」

〔註 185〕安作璋，前引文，頁 6，以稻田使者為昭帝時所置。

〔註 186〕《漢書》，卷十七〈景武昭宣元成功臣表第五〉，葉 7 下；卷六十〈杜周傳第三十〉，葉 2 下，皆稱「假稻田使者燕倉。」

〔註 187〕同註 183，葉 17 上。

〔註 188〕《漢書》，卷九十四〈匈奴傳第六十四上〉，葉 22 上。

〔註 189〕桓寬撰，王利器校注，《鹽鐵論校注》（臺北：世界書局，1979 年 6 月三版），卷第三〈園池第十三〉，頁 95。

〔註 190〕管東貴，〈漢代屯田的組織與功能〉，《中央研究院歷史語言研究所集刊》第四十八本第四分（1977 年 12 月），頁 501～527。陳直，〈西漢屯戍研究〉，《兩漢經濟史料論叢》（陝西人民出版社，1958 年 4 月第一版），頁 47。

〔註 191〕《漢書》，卷九〈元帝紀第九〉，葉 6 上～6 下。

〔註 192〕前引書，卷二十四〈食貨志第四上〉，葉 18 上。

又〈西域傳〉云：

> 都護治烏壘城，去陽關二千七百三十八里，與渠犁田官相近，土地
> 肥饒，於西域爲中，故都護治焉。[註193]

《居延漢簡》：

> 馬長吏即有吏卒民屯出亡者具署郡縣里名姓年長物色房衣服齎操初
> 亡年月日人數白報與病已。謹案屬丞始元二年戌田卒千五百人爲騂
> 馬田官寫涇渠迊正月己酉淮陽郡。（303·25、513·17）

從這些記載來看，田官不應是一個總稱詞，而應和農都尉相似，勞貞一認爲：
「漢於屯田地皆置田官。……領田卒以從事屯墾之官。」[註194] 張春樹亦以
田官係農都尉下之屬官 [註195]。故田官又可稱爲屯田官。[註196]

（五）農都尉

《漢書‧百官公卿表》云：

> 農都尉，屬國都尉，皆武帝初置。[註197]

《續漢書‧百官志》云：

> 武帝，……邊郡置農都尉，主屯田殖穀。[註198]

可知農都尉係邊郡特種官署，掌管屯田事宜。《居延漢簡》：

> 守大司農光祿大夫臣調昧死言守受簿丞慶前以請詔使護軍屯食守部
> 丞武以東至西河郡十一農都尉官_調物錢穀漕轉糶爲民困乏啓調有

[註193] 前引書，卷九十六〈西域傳第六十六上〉，葉3上。
[註194] 勞榦，〈居延漢簡考證〉，《勞榦學術論文集甲篇》，頁387。
[註195] 張春樹，〈漢代屯田之原始與兩漢河西，西域邊塞上屯田制度之發展過程〉，
《屈萬里先生七秩榮慶論文集》（臺北：聯經出版公司，1978年10月），頁
563～599。
[註196] 居延漢簡：
> 十二月辛未甲渠毋傷候長艾候史弱人人敢言之—
> 廣田以次傳行至望遠止▨ 寫移□房有大眾不去欲竝入爲寇檄到循行部界＝
> 候長繏未央候史包隊長畸等聞房有大眾欲竝入三
>
> 一□蚤食時臨木隊卒……舉蓬墦一積薪房即西北去毋所失亡敢言之／十二—
> ＝中嚴教吏卒驚蓬火明天田謹逢候_望禁止往來行者定蓬葦送便兵戰鬥＝
> ≡爲寇檄到繏等各循行部界中嚴教吏卒定蓬葦送便兵戰鬥具毋爲房所幸≡
> 一月辛未將兵護屯田官居延都尉償城倉長禹兼行
> ＝具毋爲房所幸槧已先聞知失亡重事毋忽如律令／十二月壬申殄北守
> ≡槧已重事毋忽如律令（278·7）
[註197] 《漢書》，卷十九〈百官公卿表第七上〉，葉15下。
[註198] 《續漢書志》，卷二十八〈百官五〉，葉5下。

餘給□☒（214.33A）

由簡文可知至少有十一個農都尉。此經過勞貞一先生考證之後，殆成定論〔註 199〕。但裘錫圭卻以「☒以東至西河郡十一農都尉官₌」之重文號「＝」當釋作「二」，所以應爲「☒以東至西河郡十一農都尉二」。又《漢書・食貨志》云：「元帝即位，天下大水，關東郡十一尤甚」，「關東郡十一」的文例與簡文「☒以東至西河郡十一」全同；見於《漢書》的農都尉，有張掖農都尉和上河農都尉，故簡文「農都尉二」即指此二者。〔註 200〕

關於斷句是一個見仁見智的看法，但必須據文義及文氣而斷，而且此簡有殘闕，很難遽認爲應以「郡十一」爲是。又農都尉在《漢書》中只有張掖農都尉和上河農都尉，張掖農都尉見於《漢書・地理志》張掖郡番和之下〔註 201〕；上河農都尉則分見於〈馮奉世傳〉及〈敘傳〉〔註 202〕。又《後漢書・梁統傳》云：

建武八年（32），……拜（梁）騰爲酒泉典農都尉。〔註 203〕

或以爲此係後漢承前漢之制而置〔註 204〕。如此則農都尉之數當不止僅有二個。因之，上述簡文「☒以東至西河郡十一農都尉」，無論斷句作「郡十一」或「十一農都尉」，所應注意者，當是「以東至西河」，指何者以東。就簡文判斷，此簡所指係在河西邊郡地區，故陳夢家認爲應作在敦煌以東〔註 205〕。依此則無論作「郡十一」或「十一農都尉」解，酒泉郡也在此區內，而酒泉亦設有農都尉，因此「農都尉二」之說，顯係有待商榷。此外農都尉可考者，尚有鄯農都尉〔註 206〕、朔農都尉〔註 207〕、宜禾都尉。〔註 208〕

〔註 199〕同註 194，頁 388～389。

〔註 200〕裘錫圭，〈漢簡零拾〉，《文史》第十二輯，頁 13。

〔註 201〕《漢書》，卷二十八〈地理志第八下〉，葉 3 上。

〔註 202〕前引書，卷七十五〈馮奉世傳第四十九〉，葉 11 上；卷一〇〇〈敘傳第七十上〉，葉 1 下。

〔註 203〕《後漢書》，卷三十四〈列傳第二十四・梁統傳〉，葉 2 上。

〔註 204〕嚴耕望，《中國地方行政制度史上篇》，頁 166。

〔註 205〕陳夢家，〈漢簡所見居延邊塞與防禦組織〉，《漢簡綴述》（北京：中華書局，1980 年 12 月），頁 39。

〔註 206〕居延漢簡：

☒□大夫廣明下丞相丞書從事下當用者如詔書₌到言
　□郡大守諸侯丞相書從事下當用者如詔書 ₌ 到明白布十☒
　到令諸倉有詔，以其從□□□如詔書律令書到言／丞相史☒
□下領武校居延屬國鄯農都尉縣官丞書☒（65・18）

（六）守農令

守農令不見諸兩漢書的記載，僅見於《居延漢簡》：

> 承富官斥候屬守農令尊死馬出十一□☑（19‧42）
>
> 守農令　趙入田如☑取禾（90‧4）
>
> 守農令　趙入田受☑（90‧65）

後二簡所載守農令很可能係同一人。

守農令的職掌不詳，就簡文記載加以推斷，當與農事有關。管東貴認為與農作物成長有關，屬農作技術專家的性質，時令節氣也在其職掌之內〔註209〕。為農都尉的屬官。〔註210〕

（七）田　卒

田卒係漢代屯田組織最基層的，從事實際農耕工作。《漢書‧西域傳》云：

> 於是自敦煌西至鹽澤，往往起亭，而輪臺、渠犁皆有田卒數百人，
>
> 置使者校尉領護，以給使外國者。〔註211〕

又有見諸《居延漢簡》者。如：

> 田卒淮陽郡長平容里公士褆縮年三十^{襲一
綺二} ^{犬絑一}介史貫贊取（303‧46）

類此田卒記載甚多，茲不一一列舉。在《居延漢簡》中，田卒有籍貫可考者，據統計屬淮陽郡者十六人，汝南郡九人，大河郡四人，魏郡、濟陽、東郡、河南各一人。〔註212〕

（八）勸農使者、勸農謁者

《漢書‧食貨志》云：

> 蔡癸以好農，使勸郡國，至大官。〔註213〕

〈武帝紀〉：

> （元狩三年〔前 120〕），遣謁者勸有水災郡種宿麥。舉吏民能假貸

〔註207〕陳直，《漢書新證》，頁169。

〔註208〕同註199，頁389。

〔註209〕管東貴，〈漢代屯田的組織與功能〉，頁516。

〔註210〕邵台新，《漢代河西四郡的拓展》（影印本，國立臺灣大學歷史研究所博士論文，1985年5月），頁152。

〔註211〕同註193，葉2上～2下。

〔註212〕邵台新，前引文，頁49。

〔註213〕《漢書》，卷三十四〈食貨志第四上〉，葉17下。

貧民者以名聞。〔註214〕

由上引可知，勸農使者與勸農謁者，是中央派到地方去的勸農專使〔註215〕。可能是一種臨時性的差遣，而非常置。

　　在農官組織裏，尚必須討論護田校尉與屯田校尉。護田校尉見於《居延漢簡》〔註216〕，但在前引西域傳有「置使者校尉領護。」顏師古注曰：「統領保護屯田之事也。」〔註217〕則護田校尉遂有以為係屯田官之一〔註218〕。但就其領兵保護屯田，而非農業技術官，故不當係農官。

　　屯田校尉的記載，見於《漢書·西域傳》：

　　是歲神爵三年（前59）也。乃使吉并護北道，故號曰都護。都護之起，自吉置矣。僮僕都尉由此罷，匈奴益弱，不得近西域，於是從屯田，因於胥鞬披莎車之地，屯田校尉始屬都護。〔註219〕

是屯田校尉亦為屯田之官，但其後屬都護，不當視為大司農屬官。

五、官營事業組織

（一）均輸令、丞

《史記·平準書》云：

　　而孔僅之使天下鑄作器，三年中拜為大農，列於九卿，而桑弘羊為大農丞，筦諸會計事，稍稍置均輸，以通貨物。〔註220〕

按孔僅為大農令時為元鼎二年（前115）〔註221〕，則均輸設於元鼎二年。

　　朱希祖以均輸之置，始於元鼎二年，《漢書·百官公卿表》，大司農屬官有均輸令，係太初元年（前104）官制，元鼎時未有〔註222〕。按元鼎二年始

〔註214〕前引書，卷六〈武紀第六〉，葉13。
〔註215〕安作璋，前引文，頁6。
〔註216〕居延漢簡：
　　　　二月戊寅張掖太守福庫丞承熹兼行丞事敢告張掖農都尉護田校尉府卒人謂一
　　　　錄者以十月平賈計案戍田卒受官袍衣物貪利貴賣賈貣乃貧困民吏不禁止滒益＝
　　　　一縣律曰臧官物非
　　　　＝多不以時驗問。（4·1）
〔註217〕同註211。
〔註218〕陳直，〈西漢屯戍研究〉，頁47。管東貴，前引文，頁516。張春樹，前引文，頁588。安作璋，前引文，頁10。
〔註219〕同註193，葉2下～3上。
〔註220〕《史記》，卷三十〈平準書第八〉，葉12下～13上。
〔註221〕《漢書》，卷十九〈百官公卿表第七下〉，葉7上。
〔註222〕朱希祖，前引文，頁170～171。

置均輸，似未曾普遍設置，故云「稍置」，普設均輸，係在元封元年（前110）
〔註223〕。既已普設均輸官於全國各地，在中央當有主管之官署，故均輸令之
設，當在太初元年改官制之前。

後漢時，均輸令省而未置〔註224〕。但《後漢書・劉盆子傳》有云：

> 帝憐盆子，賞賜甚厚，以爲趙王郎中。後病失明。賜滎陽均輸官地，
> 以爲列肆，使食其稅終身。〔註225〕

是均輸之省當在光武帝之後。

由前述知均輸官普設全國各地，但究竟共設有幾處，難詳考。見諸《漢
書》者，僅有「河東均輸長」〔註226〕及「千乘均輸官」〔註227〕。另據陳直考
證所得者，尚有「千乘均監」及「遼東均長」。〔註228〕

（二）平準令、丞

平準係在元封元年設置。朱希祖亦以平準令，係太初元年的官制〔註
229〕。由前述知均輸令在太初元年前即已設，則平準令之設置亦在太初元年
之前。

根據《史記・平準書》的記載，設平準的情形爲：

> 置平準於京師，都受天下委輸。召工官治車器，皆仰給大農。大
> 農之官盡籠天下之貨物，貴即賣之，賤則買之。如此，富商大賈無
> 所牟大利，則反本而萬物不得騰踊，故抑天下之物，名曰平準。
> 〔註230〕

平準係設於京師，接受天下委輸及郡國貨物的轉販以平抑物價。此和均輸普
遍設於全國各地相異。

後漢仍設有平準令，其職務爲「掌知物賈（價），主練染作采色。」
〔註231〕掌知物價，和前漢之抑天下物之性質相同。但又比前漢多了主練染作
采色的任務。至靈帝「熹平四年（175），改平準爲中準，使宦者爲令，列於

〔註223〕同註220，葉18下～19上。
〔註224〕《續漢書志》，卷二十六〈百官三〉，葉3上。
〔註225〕《後漢書》，卷十一〈列傳第一・劉盆子傳〉，葉24上。
〔註226〕同註221引書，卷八十九〈循吏傳第五十九・黃霸傳〉，葉4下。
〔註227〕前引書，卷二十八〈地理志八上〉，葉27下。
〔註228〕陳直，《漢書新證》，頁47。
〔註229〕同註222，頁174。
〔註230〕同註220，葉19上。
〔註231〕同註224，葉2上。

內署。」〔註232〕自此，平準令由國家事務官，成爲內庭供奉，其職掌也相對的轉變。

（三）部 丞

《史記·平準書》云：

> 元封元年，⋯⋯而桑弘羊爲治粟都尉，領大農，盡代（孔）僅筦天下鹽鐵。弘羊以諸官各自市，相與爭，物時騰躍，而天下賦輸或不償其傭費，乃請置大農部丞數十人，分部主郡國，各往往縣置均輸、鹽、鐵官，令遠方各以其物貴時，商賈所轉販者爲賦，而相灌輸。〔註233〕

可知部丞係在推行均輸及鹽鐵專賣之初，派至郡國主持籌備事宜及監督的，很可能係一種臨時的差遣。

（四）斡 官

斡官，原屬少府，中屬主爵，後來才改屬大司農。顏師古注云：

> 如淳曰：「斡，音筦，或作幹；斡，主也。主均輸之事，所謂斡鹽官而榷酒酤也。」晉灼曰：「此竹箭幹之官長也。均輸自有令。」師古曰：「如說近是也，縱作幹讀，當以斡持財貨之事耳，非謂箭幹也。」〔註234〕

加藤繁認爲斡官除了鹽鐵外，連均輸、酒專賣的事務也一併管理〔註235〕。山田勝芳以爲僅管鹽及酒的專賣〔註236〕。周筠溪認爲掌鹽鐵〔註237〕。三者的看法雖小有差異，但他們都是據如淳的說法加以推論的。如淳的說法較晉灼說法較明確，但是這一解釋是否恰當，必須加以考慮。故陳直以《漢印文字徵》中有「斡官泉丞」銅印，認爲斡應作榦，係〈百官表〉傳鈔之誤，以泉丞二字推論，知所事爲鑄錢事。〔註238〕

按《華陽國志》云：

〔註232〕《後漢書》，卷八〈帝紀第八〉，孝靈皇帝，葉 8 上。
〔註233〕同註 220，葉 18 下～19 上。
〔註234〕《漢書》，卷十九〈百官公卿表第七上〉，葉 8 上。
〔註235〕加藤繁，〈漢代國家與帝室財政的區別及帝室財政的一斑〉，頁 41。
〔註236〕山田勝芳，〈前漢武帝代の財政機構改革〉，《東北大學東洋史論集一》（1984 年 1 月），頁 6。
〔註237〕周筠溪，前引文，頁 26。
〔註238〕陳直，《漢書新證》，頁 47。

（秦）惠王時，咸陽、成都皆有鹽鐵市官及長丞。〔註239〕
而在〈百官公卿表〉，則僅云「斡官、鐵市兩長丞。」〔註240〕據如淳的說法，斡官掌鹽官及榷酤，和秦有鹽鐵市官及長丞之制相異。就漢承秦制的角度而言，頗不合理，可能〈百官公卿表〉原文係「斡官，鹽鐵市兩長丞」，在傳鈔時漏去「鹽」字，如此則斡官主榷酤，鹽鐵市長丞分掌鹽鐵官，較斡官既掌鹽官又主榷酤合理。

至於斡官屢次更易直屬長官，加藤繁認爲大約是隨著鹽鐵制度的更改而發生的副產品〔註241〕，陳直則認爲和鑄錢權的轉移至水衡都尉有關〔註242〕。此二說仍屬推論，並未能說明其中的眞相，欲對斡官能有進一步的了解，除非有新史料的發現，否則將永遠隱晦難明。

（五）鹽鐵官

前引〈食貨志〉，知桑弘羊於元封元年，置部丞分赴郡國置鹽鐵官負責推動鹽鐵專賣。根據《漢書・地理志》的記載，當時全國有二十八郡置有三十七個鹽官、四十郡置四十八個鐵官。今人楊遠參考地書、方志，有關專著及地下發掘資料，重加考訂共得鹽官四十五個（存疑兩處）、鐵官五十六個（存疑五處）〔註243〕。其考證精詳，頗爲可信。現將楊氏所列前漢鹽鐵官表，節錄於後，以供參考。

表三：前漢鹽官地理分布表

郡　　國	縣　名	今　　　　　　　　址	數目
河東郡（治）	安　邑	山西夏縣西北十五里夏王城	1
太原郡（治）	晉　陽	山西太原縣	1
南　　郡	巫	四川巫山縣東北一里	1
鉅鹿郡	堂　陽	河北冀縣西六十五里滏陽河東岸堂陽鎮	1
勃海郡	章　武	河北滄縣東北八十里乾符鎮	1

〔註239〕常璩，《華陽國志》（四部備要，臺北：臺灣中華書局，1978年4月臺三版），卷三，葉3下。
〔註240〕同註234。
〔註241〕加藤繁，前引文，頁42。
〔註242〕陳直，《漢書新證》，頁47～48。
〔註243〕楊遠，〈西漢鹽、鐵、工官的地理分佈〉，香港中文大學中國文化研究所學報，九卷上冊（1978年），頁219～244。

千乘郡（治）	千　乘	山東高苑縣北二十五里	1
北海郡	都　昌	山東昌邑縣西二里	1
北海郡	壽　光	山東壽光縣東約二十里，瀰河東	1
東萊郡	曲　城	山東掖縣東北六十里	1
東萊郡	東　牟	山東牟平縣	1
東萊郡	惤	山東黃縣西南二十五里	1
東萊郡	昌　陽	山東文登縣西南三十里，昌水北	1
東萊郡	當　利	山東掖縣西南三十六里	1
琅邪郡	海（曲）[西]	山東日照縣西十里	1
琅邪郡	計　斤	山東高密縣東南四十里	1
琅邪郡	長　廣	山東萊陽縣東五十里	1
會稽郡	海　鹽	浙江平湖縣東南二十七里，故邑山下	1
蜀　郡	臨　邛	四川邛崍縣	1
犍爲郡	南　安	四川夾江縣西北二十里	1
越巂郡	定　莋	西康（四川）鹽源縣南約五里	1
益州郡	連　然	雲南安寧縣	1
巴　郡	（朐）[朐]忍	四川雲陽縣西三十里萬戶壩	1
巴　郡	臨　江	四川忠縣	1
隴西郡	西　縣	甘肅天水縣西南一二〇里，約當鹽關鎮	1
安定郡	三　水	甘肅固原縣北偏東約九十五里	1
北地郡	弋　居	甘肅寧縣南約十五里	1
上　郡	獨　樂	陝西米脂縣北約三十五里	1
上　郡	龜　茲	陝西榆林縣北（西北）約六十里	1
西河郡（治）	富　昌	綏遠（內蒙古）鄂爾多斯左翼前旗界；舊勝州（三間房）南（東南）約一〇〇里	1
西河郡（治）	鹽　官	不詳；約當綏遠（內蒙古）境	1
朔方郡	沃　壄	綏遠（內蒙古）故臨戎（布隆淖西南約五里）東北約一〇〇里	1
朔方郡	朔　方	綏遠（內蒙古）鄂爾多斯右翼後旗北界，黃河南岸，約當馬米圖	1

郡　國	縣　名	今　　　　　　址	數目
朔方郡	廣　牧	綏遠朔方故縣西南約四十里，黃河南岸	1
五原郡	成　宜	綏遠九原故縣（貫格爾廟北四十里）西稍南約八十里	1
雁門郡	樓　煩	山西神池縣	1
雁門郡	沃　陽	綏遠（內蒙古）岱海池西南六十五里，沃水北	1
漁陽郡	泉　州	河北武清縣東南四十里，沽河西	1
遼西郡	海　陽	河北灤縣西南約二十里，洣（素）河東北	1
遼東郡	平　郭	遼寧蓋平縣南約三十里	1
南海郡（治）	番　禺	廣東廣州市	1
蒼梧郡	高　要	廣東高要縣	1
東平國（治）	無　鹽	山東東平縣東二十里	1
廣陵國（治）	廣　陵	江蘇江都縣東北四里	1
琅邪郡	贛榆（？）	江蘇贛榆縣東北二十里	1
臨淮郡	鹽瀆（？）	江蘇鹽城縣西北約五里運鹽河西岸	1
共　計			45

（節錄自楊遠《兩漢鹽、鐵、工官的地理分布》）

表四：前漢鐵官地理分布表

郡　國	縣　名	今　　　　　　址	數目
京兆尹	鄭	陝西華縣北二里	1
左馮翊	夏　陽	陝西韓城縣南二十里芝川鎮北	1
右扶風	雍	陝西鳳翔縣南七里	1
右扶風	漆	陝西邠縣	1
弘農郡	宜　陽	河南宜陽縣西五十里	1
河東郡（治）	安　邑	山西夏縣西北十五里夏王城	1
河東郡（治）	皮　氏	山西河津縣西二里陽村	1
河東郡	平　陽	山西臨汾縣西南三十里白馬城	1
河東郡	絳	山西曲沃縣西南二里	1
太原郡	大　陵	山西文水縣東北二十五里	1
河內郡	隆　慮	河南林縣	1

河南郡	鞏	河南鞏縣西南三十里	1
潁川郡	陽 城	河南登封縣東南三十五里告成鎮	1
汝南郡	西 平	河南西平縣西四十五里	1
南陽郡（治）	宛	河南南陽縣	1
廬江郡	（皖）〔皖〕	安徽潛山縣	1
山陽郡（治）	昌 邑	山東金鄉縣西北四十里	1
沛郡	沛	江蘇沛縣東南三里，微山下	1
魏 郡	武 安	河南（河北）武安縣西南七里	1
常山郡（治）	元 氏	河北元氏縣西北十五里	1
涿 郡	故 安	河北易縣東南七里	1
千乘郡（治）	千 乘	山東高苑縣北二十五里	1
濟南郡（治）	東平陵	山東歷城縣東七十五里	1
濟南郡	歷 城	山東歷城縣	1
泰山郡	嬴	山東萊蕪縣西北四十里，汶水北城子縣	1
齊 郡（治）	臨 淄	山東臨淄縣北八里古城店（齊城）	1
東萊郡	東 牟	山東牟平縣	1
琅邪郡（治）	東 武	山東諸城縣	1
東海郡	下 邳	江蘇宿遷縣西（西北）一一〇里（今約八十里）古邳鎮	1
東海郡	朐	江蘇東海縣西南九里	1
臨淮郡	鹽 瀆	江蘇鹽城縣西北約五里，運鹽河西岸	1
臨淮郡	棠 邑	江蘇六合縣北約十里	1
桂陽郡（治）	郴	湖南郴縣	1
漢中郡	沔 陽	陝西沔縣東南十里	1
蜀 郡	臨 邛	四川邛崍縣	1
犍爲郡	武 陽	四川彭山縣東十里	1
犍爲郡	南 安	四川夾江縣西北二十里南安鎮	1
隴西郡（治）	狄 道	甘肅臨洮縣南一里番城	1
漁陽郡（治）	漁 陽	河北密雲縣西南三十里，潮河西	1
右北平郡	夕 陽	河北灤縣西南約二十里，泝河東	1

遼東郡	平郭	遼寧蓋平縣南約三十里	1
中山國	北平	河北滿城縣東北約十里，漕河南	1
膠東國	郁秩	山東平度縣	1
城陽國（治）	莒	山東莒縣	1
東平國（治）	無鹽	山東東平縣東二十里	1
魯國（治）	魯	山東曲阜縣	1
楚國（治）	彭城	江蘇銅山縣	1
廣陵國（治）	廣陵	江蘇江都縣東北四里	1
常山郡	蒲吾（？）	河北平山縣東南二十里	1
越巂郡	台登（？）	西康（四川）冕寧縣東約三十里；西昌縣北微東一七〇里	1
越巂郡	定笮（？）	西康鹽源縣南約五里	1
越巂郡	卑水（？）	西康故越巂郡（西昌東南十里）東南三〇〇餘里，近馬湖江	1
巴郡	宕渠（？）	四川渠縣東北七十里	1
共計			53

（節錄自楊遠《西漢鹽、鐵、工官的地理分布》）

六、祭祀官組織

（一）籍田令、丞

籍田令、丞漢文帝所設〔註244〕。《漢書・文帝紀》云：

（二年）春正月丁亥，詔曰：「夫農，天下之本也，其開籍田，朕親率耕，以給宗廟粢盛。……」〔註245〕

《後漢書・明帝紀》亦云：

（永平）四年春二月辛亥，詔曰：「朕親耕籍田，以祈農事。……」

〔註246〕

可知籍田是一種天子親耕於田的祭禮，《漢舊儀》對此作了較詳細的說明：

東耕於籍田，官祠先農，先農即神農炎帝也。祠以太牢，百官皆

〔註244〕沈約，前引書，卷二十九〈百官上〉，葉22下。

〔註245〕《漢書》，卷四〈文紀第四〉，葉8下～9上。

〔註246〕《後漢書》，卷二〈帝紀第二孝明帝〉，葉12上。

　　從。皇帝親執耒耜而耕。天子三推，三公五，孤卿七，大夫十二，

　　士庶人終畝。……藉田倉，置令丞，以給祭天地宗廟，以爲粢盛。

　　〔註247〕

可知，天子親耕於藉田的收入，特設藉田倉貯存，以供祭祀之用，管理藉田
倉的，即爲藉田令、丞。因之，藉田既是一種祭禮，其收入又專供祭祀之資，
故藉田令丞雖行倉儲之務，實際上應是祭祀官體系之一環。

（二）廩犧令

《續漢書・百官志》云：

　　又有廩犧令，六百石，掌祭祀犧牲雁鶩之屬……。中興皆屬河南

　　尹。〔註248〕

則大司農屬官有廩犧令。然據《漢書・百官公卿表》所載，內史屬官有廩犧
令丞尉〔註249〕。如此，則廩犧令初屬內史，後改隸大司農，或大司農屬官亦
有廩犧令，而〈百官公卿表〉闕載。周壽昌云：

　　漢內史屬官有廩犧令丞尉，後屬司農，《六典》曰廩犧令，掌薦犧牲

　　及粢盛之事，丞爲之貳，凡三祀之牲牢各有名數。〔註250〕

可知周氏認爲廩犧令係由內史改隸大司農，亦爲祭祀之官。

七、水利組織

（一）都　水

　　都水爲大司農六十五官長丞之一，漢代設有都水者，尚有奉常、少府、
水衡都尉、三輔〔註251〕。都水的職掌，如淳曰：

　　律，都水治渠隄水門。〔註252〕

王先謙亦云：

　　都，總也，謂總治水工之官。〔註253〕

可見都水最主要的工作是整治河隄，修浚溝渠。河道溝渠設施是否完備，關

〔註247〕衛宏撰，孫星衍校集，《漢舊儀補遺》，卷下，葉4下～5上。
〔註248〕同註224。
〔註249〕同註234，葉12上。
〔註250〕周壽昌，《漢書注校補》，頁792。
〔註251〕同註234，葉8下、11下～12上。
〔註252〕同前註，葉4下，如淳注。
〔註253〕王先謙，《漢書補注》，卷十九〈百官公卿表第七上〉，葉7上。

係漕運的暢通與農田水利的灌溉。此二者為大司農職司，故治理渠隄水門的都水亦屬大司農。另有涌泉者，以都水又掌水稅〔註254〕，實則都水並不掌水稅，乃是由於其誤讀史料所致，此施正康在〈漢代水稅質疑〉一文中，辯之已詳，不擬贅述。〔註255〕

都水至後漢則屬郡，《續漢書・百官志》云：

> 其郡有鹽鐵官、工官、都水官者，隨事廣狹置令長及丞，……本注
> 曰：……有水池及魚利多者，置水官，主平水、收魚稅。〔註256〕

可知都水官設置，在後漢係因地制宜。至於本注所云水官或可作都水官解，然職掌似乎稍異於都水，為收魚稅及主平水。平水，當係「平徭行水」〔註257〕之簡稱。乃漢代地方官吏為平均各方面灌溉用水，防止發生用水糾紛的責任和權力。〔註258〕

（二）河隄使者、河隄都尉

與都水同屬治河渠之官，尚有河隄使者、河隄都尉。

《漢書・溝洫志》云：

> 後三歲（建始四年〔前29〕），河果決於館陶及東郡金隄，泛濫兗、
> 豫，入平原、千乘、濟南，凡灌四郡三十二縣，水居地十五萬餘
> 頃，深者三丈，壞敗官亭室廬且四萬所。……遣大司農非調調均
> 錢穀河決所灌之縣，……河隄使者王延世使塞，以竹落長四丈，大
> 九圍，盛以小石，兩船夾載而下之。三十六日，河隄成。……是歲
> （鴻嘉四年〔前17〕），勃海、清河、信都河水溢溢，灌縣邑三十
> 一，敗官亭民舍四萬餘所。河隄都尉許商與丞相史孫禁共行視，圖
> 方略。〔註259〕

由此可知，河隄使者、河隄都尉係臨時差遣之官。陳直引西安漢城出土「河隄謁者印」，認為使者即謁者，為治河暫設之官〔註260〕。其言甚是。《後漢書・

〔註254〕涌泉，〈漢代水稅芻議〉，《秦漢史論叢》第一輯（1981年9月），頁147。

〔註255〕施正康，〈漢代水稅質疑〉，《中國史研究》1984年第二期，頁117～120。

〔註256〕《續漢書志》，卷二十八〈百官五〉，葉9下～10上。

〔註257〕《漢書》，卷二十九〈溝洫志第九〉，葉7下，顏師古云：「平徭者，均齊渠堰之力役，謂俱得水利也。」

〔註258〕施正康，前引文，頁118。

〔註259〕同註257，葉9下～葉11下。

〔註260〕陳直，《漢書新證》，頁4。

王景傳》注引《十三州志》曰：

> 成帝時河隄大壞，汎濫青、徐、兗、豫四州略徧，乃以校尉王延（世）
>
> 代領河堤謁者，秩千石，或名其官爲護都水使者。〔註261〕

可知河隄使者，又可稱作「河隄謁者」，或稱「護都水使者」，同書同傳又云：「詔濱河郡國置河堤員吏，如西京舊制。」〔註262〕所謂河堤員吏，當係指河隄使者或河隄都尉。

（三）河渠卒

擔任最基層的河渠修護養護工作者爲河渠卒。河渠卒一詞見於《居延漢簡》：

> 河渠卒河東皮氏母憂里公乘杠建年二十五（140・15）

類此者尚多，不再贅舉。在《漢書》則常見有：「發卒數萬人穿漕渠」〔註263〕、「發卒數萬人作渠田。」〔註264〕此當係爲河渠卒。

八、其 他

（一）導官令

《續漢書・百官志》，大司農屬官有：

> 導官令，六百石，本注曰：主舂御米及作乾糒。導，擇也。丞一人。
>
> 〔註265〕

按導官令，在前漢屬少府。顏師古注曰：「導官，主擇米。」〔註266〕師古似以後漢制解釋前漢之制。其何以由少府改屬大司農，難詳。

（二）雒陽市長

《續漢書・百官志》云：

> 雒陽市長，中興皆屬河南尹。〔註267〕

據此則雒陽市長在前漢屬大司農，然在《漢書》中均未曾提及。其或與長安市長丞相類矣。

〔註261〕《後漢書》，卷七十六〈列傳第六十六・循吏王景傳〉，葉10上～10下。
〔註262〕同前註。
〔註263〕同註257，葉4上。
〔註264〕同前註，葉4下。
〔註265〕《續漢書志》，卷二十六〈百官三〉，葉2下。
〔註266〕同註234，葉8下。
〔註267〕同註265。

（三）掌貨中元士

掌貨中元士不見於史書記載。陳直以《封泥考略》有「掌貨中元士」封泥，而認為係大司農屬官〔註268〕。不知何據。

由上述可知大司農組織雖十分龐大，但並非兩漢一成不變；某些或因事而置。至後漢時在組織規模上，已隨大司農權力的縮小而削減。

第四節　大司農的職掌

由上一節所述大司農的組織中，可以看出大司農是一個職務繁多的機構，為對此機構有更進一步的認識，茲綜合兩漢之制，將其職掌分述如後：

一、國家財政的收入、支出與調度

國家財政中最主要的項目為錢穀，是大司農最重要的職掌，故陳平在答漢文帝問一歲錢穀多少時，云：「問錢穀，責治粟內史（大司農）。」〔註269〕《漢書・百官公卿表》云：「治粟內史，……掌穀貨。」〔註270〕《續漢書・百官志》則更明白指出：「掌諸錢穀金帛貨幣。」〔註271〕

事實上所謂「錢穀」，當是國家財政的收入與支出的一個代名詞，大司農掌錢穀，即大司農掌國家財政的收入與支出〔註272〕，所以「郡國四時上月旦錢穀簿，其逋未畢，各具別之。」〔註273〕即郡國必須依四時將每月錢穀徵收的情形，分別詳細書明造冊上報大司農。又在《史記・平準書》中常見「皆取足大農」或「仰給大農」〔註274〕之句，也就是由大司農供給費用的意思。換言之，大司農負有調度財政的任務，此即《續漢書・百官志》所云：

> 邊郡諸官請調度者，皆為報給，損多益寡，取相給足。〔註275〕

大司農調度財政，並不祇限對邊郡，所以在《漢官解詁》「調均報度輸漕委

〔註268〕陳直，《漢書新證》，頁199。
〔註269〕同註39。
〔註270〕同註103。
〔註271〕同註104。
〔註272〕大司農與漢代財政的收入支出，見本文第四章。
〔註273〕同註104。
〔註274〕《史記》，卷三十〈平準書第八〉，葉18下、19上～19下。
〔註275〕同註104。

「輸」條下，胡廣注云：

> 邊郡諸官請調者，皆有調均報給之也。以水通輸曰漕。委，積也。
>
> 郡國所積聚金帛貨賄，隨時送諸司農，曰委輸，以供國用。〔註276〕

由此可知大司農調度財政，除給邊郡所需外，尚視需要調度郡縣之錢穀等財物，以濟所需，所以在漢成帝建始四年河決館陶及東郡金隄時，大司農非調能調均錢穀賑河決所灌之縣。〔註277〕

二、倉儲及漕運的管理

由前引《漢官解詁》胡廣注，可知大司農調度財政時，有水陸之輸，這轉運的過程，亦為大司農所掌，故大司農屬官有護漕都尉及委輸官〔註278〕。又郡縣之錢穀本儲本郡各倉，視需要由大司農調度，或輸往中央或他郡，在中央有太倉令「主受傳漕穀」〔註279〕，在郡國諸倉有倉長主管〔註280〕，故倉儲及漕運亦為大司農職務之一。

三、度量衡

《漢書‧律曆志》云：

> 夫量者，躍於龠，合於合，登於升，聚於斗，角於斛也。職在太倉，大司農掌之。(師古曰：「米粟之量，故在太倉。」)〔註281〕

由於米粟進出倉，均必需衡量，故衡量之器，由大司農掌之。後漢之光和斛銘文云：

> 大司農以戊寅詔書：「秋分之日，同度量，均衡石，桷斗桶，正權概。」特更為諸州作銅斗、斛、稱尺，依黃鍾律曆、《九章算術》，以均長短、輕重、大小，用齊七政，令海內都同。光和二年閏月二十三日，大司農曹祾、丞淳于宮、左倉曹掾朱音、史韓鴻造。
>
> 〔註282〕

〔註276〕同註146。

〔註277〕同註259。《居延漢簡》214‧33A。

〔註278〕見本章第三節〈倉儲及漕運組織〉。

〔註279〕同註104。

〔註280〕同註103，並參本章第三節〈倉儲及漕運組織〉。

〔註281〕同註144。

〔註282〕高大倫、張懋鎔，〈漢光和斛、權的研究〉，《西北大學學報》1983年第四期，頁73。

從上引銘文中，可知齊一度量衡及鑄造標準的度量衡器是大司農的任務，故掌管度量衡亦是大司農的職掌之一。

四、農事經營

《史記・平準書》云：

> 而水衡、少府、大農、太僕各置農官，往往即郡縣比沒入田田之。
> 〔註283〕

漢平帝元始元年置「大司農部丞十三人，人部一州，勸農桑。」〔註284〕漢武帝時，搜粟都尉趙過推行代田法實行農業改革〔註285〕，可見農事亦爲大司農的職掌之一。其所掌並不僅限內郡之農業，邊郡之屯田殖穀也是大司農的任務。〔註286〕

五、水利維修

大司農屬官有都水，掌「治渠隄水門。」〔註287〕由於漕運及農業皆屬大司農職掌，而漕運是否暢通，農田灌溉設施是否完善，關係到財政的調度及農作物的收成，所以整治河隄，修浚溝渠乃屬必要之工作，故特設一官掌之，如此水利工作亦是大司農的職掌之一。

六、官營事業

官營事業，即鹽鐵酒專賣，及平準、均輸。《史記・平準書》云：

> 桑弘羊爲治粟都尉領大農，盡代僅筦天下鹽鐵。弘羊以諸官各自市相與爭，物故騰躍，而天下賦輸或不償其僦費，乃請置大農部丞數十人，分部主郡國，各往往縣置均輸鹽鐵官，令遠方各以其物貴時，商賈所轉販者爲賦，而相灌輸，置平準于京師，都受天下委輸，召工官治車諸器，皆仰給大農。大農之諸官盡籠天下之貨物，貴即賣之，賤則買之，如此富商大賈無所牟大利，則反本而萬物不得騰踊，故抑天下物名曰平準。〔註288〕

〔註283〕同註176。
〔註284〕同註178。
〔註285〕同註180。
〔註286〕安作璋，前引文，頁8。管東貴，前引文，頁515。張春樹，前引文，頁588。
〔註287〕同註252。
〔註288〕同註274。

由此可知大司農亦掌官營事業，事實上官營事業是大司農桑弘羊在漢武帝支持下所推行的新財經政策，以增加國家財政的收入。〔註289〕

七、祭祀品的供給

在前述中知大司農屬官有籍田令丞及廩犧令，皆為祭祀之官。按籍田是一種天子親耕於田的祭祀，籍田的收穫特設「藉田倉，置令丞，以給祭天地宗廟，以為粢盛。」〔註290〕《續漢書・百官志》也云：

> 又有廩犧令，六百石，掌祭祀犧牲鴈鶩之屬，……中興皆屬河南尹。〔註291〕

從上述可知籍田及廩犧令，皆是籌辦祭祀物品之官，故宗廟祭祀的物品與費用，亦由大司農供給。

八、治 曆

《續漢書・律曆志》云：

> 案甘露二年（前53）大司農中丞耿壽昌奏，以圖儀度日月行，考驗天運狀，日月行至牽牛、東井，日過度，月行十五度，至婁、角，日行一度，月行十三度，赤道使然，此前世所共知也。〔註292〕

《漢書・律曆志》亦載：

> 後二十七年，元鳳三年（前78），太史令張壽王上書言：「曆者，天地之大紀，上帝所為。傳黃帝調律曆，漢元以來用之。今陰陽不調，宜更曆之過也。」詔下主曆使者鮮于妄人詰問，壽王不服。妄人請與治曆大司農中丞麻光等二十餘人雜候日月晦朔弦望，八節二十四氣，鉤校諸曆用狀。奏可。〔註293〕

可知大司農亦參與治曆的工作，可能係大司農主管農業，農作之栽植、收作，須依四時而興作，故大司農才參與治曆。

九、沒收物品、珍貴物品的收藏與管理

《後漢書・桓帝紀》云：

〔註289〕大司農的新財經政策，見本文第五章。
〔註290〕同註247。
〔註291〕同註104。
〔註292〕《續漢書志》，卷二〈律曆中〉，葉8上。
〔註293〕《漢書》，卷二十一〈律曆志第一上〉，葉18上。

（建和二年四月）嘉禾生，大司農帑藏。〔註294〕

同書〈鍾離意傳〉云：

> 顯宗即位，……時交阯太守張恢，坐藏千金，徵還伏法，以資物簿
> 入大司農，詔班賜群臣。〔註295〕

又〈杜喬傳〉云：

> 益州刺史种暠舉劾永昌太守劉君臣，以金蛇遺梁冀，事發覺，以蛇
> 輸司農。〔註296〕

可知珍貴物品及沒收物的管理與收藏，也是大司農的職掌，這一職掌係承襲
秦制而來的。〔註297〕

十、軍事任務

《史記・東越列傳》云：

> 至建元六年（前135），閩越擊南越，南越守天子約，不敢擅發兵擊
> 而以聞。上遣大行王恢出豫章，大農韓安國出會稽，皆爲將軍。
> 〔註298〕

又云：

> 元鼎六年（前111）秋，餘善聞樓船請誅之，漢兵臨境，且往，乃
> 遂反，發兵距漢道。……是時，漢使大司農張成，故山州侯齒將屯，
> 弗敢擊，卻就便處，皆坐畏懦誅。〔註299〕

由上引可見大司農亦有領兵出征，擔任軍事任務的執行者，這個職掌，當係
臨時的差遣。

總之，兩漢大司農的職掌繁多，這些職掌有臨時性的任務，有的只行之
前漢或後漢者，或是通行於兩漢。其職掌的多寡，主要還是取決於君主的信
任與否。

〔註294〕《後漢書》，卷七〈帝紀第七・孝桓皇帝〉，葉5下。
〔註295〕前引書，卷四十一〈列傳第三十一・鍾離意傳〉，葉15上。
〔註296〕前引書，卷六十三〈列傳第五十三・杜喬傳〉，葉23上。
〔註297〕見本章第一節。
〔註298〕《史記》，卷一一四〈東越列傳第五十四〉，葉2下。
〔註299〕同前註，葉3下。

圖一：西漢之鹽鐵工官圖

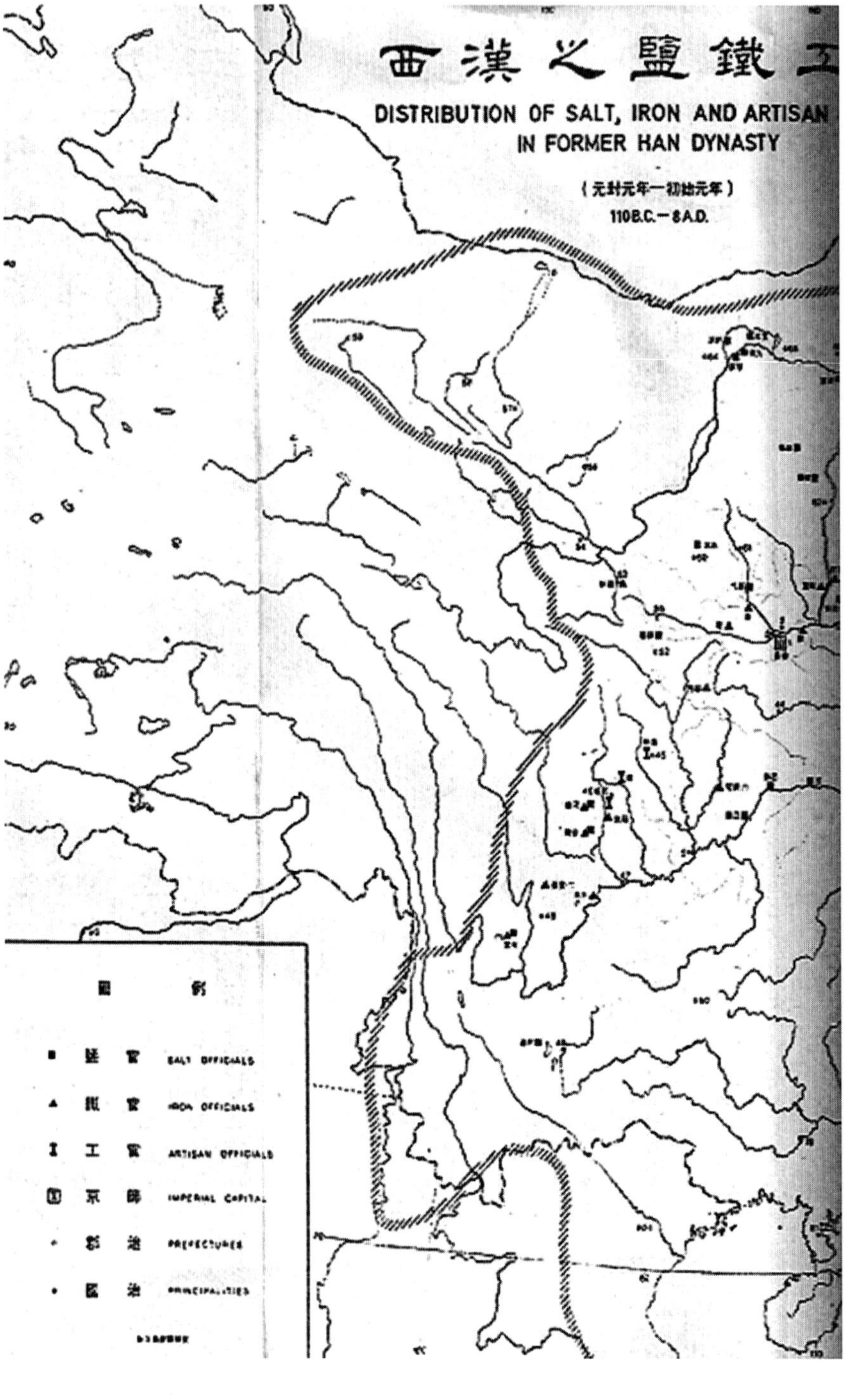

西漢之鹽鐵工

DISTRIBUTION OF SALT, IRON AND ARTISAN
IN FORMER HAN DYNASTY

〔元封元年—初始元年〕
110 B.C. — 8 A.D.

■ 鹽 官　SALT OFFICIALS
▲ 鐵 官　IRON OFFICIALS
工 工 官　ARTISAN OFFICIALS
国 京 師　IMPERIAL CAPITAL
· 郡 治　PREFECTURES
· 國 治　PRINCIPALITIES

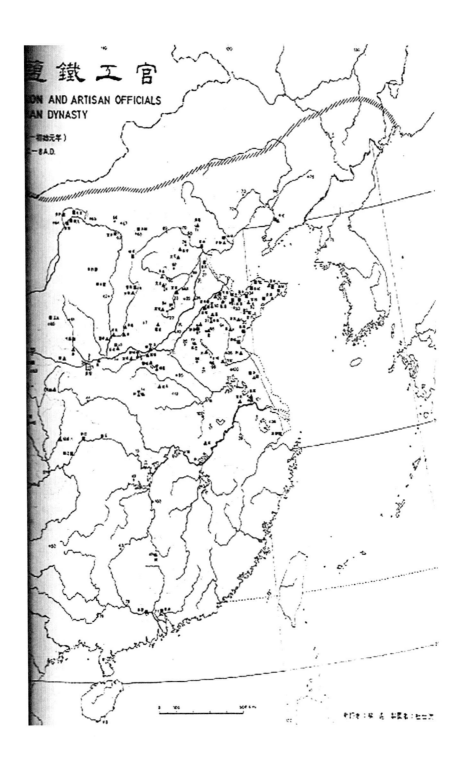

表五：兩漢大司農組織表

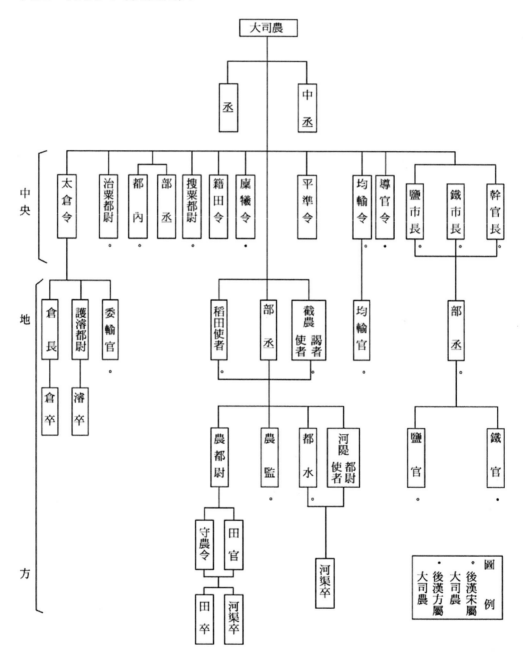

第三章　兩漢大司農的分析

第一節　兩漢歷任大司農人選

　　根據兩漢書及相關文獻的記載，兩漢歷任大司農可考者九十人（前漢三十八人，後漢五十二人）。前漢有〈百官公卿表〉可做依據，在研究上遭遇的困難較少。後漢由於《後漢書》無表，雖有熊方《補後漢書年表》（以下簡稱熊表）〔註1〕、諸以敦《熊氏後漢書年表校補》（以下簡稱校補）〔註2〕、錢大昭《後漢書補表》（以下簡稱錢表）〔註3〕、萬斯同《東漢九卿年表》（以下簡稱萬表）〔註4〕及練恕《後漢公卿表》（以下簡稱練表）〔註5〕可資參考，但闕疑及互相矛盾之處仍多。現將所考知之九十人列表於後：

表六：兩漢歷任大司農知見一覽表

時　　　間	姓名	籍貫	原　職	遷　徙	資　料　來　源	備　註
前　漢						
高祖元年（西元前206）～？	襄		執盾隊史		《漢書·百官公卿表》	治粟內史
景帝後元二年（前142）～？	惠				《漢書·百官公卿表》	中六年改治粟內史為大農令

〔註1〕 熊方，《補後漢書年表》，二十五史補編第二冊（臺北：開明書店，1959年6月臺一版），總頁1775～1811。

〔註2〕 諸以敦，《熊氏後漢書年表校補》，二十五史補編第二冊，總頁1813～1845。

〔註3〕 錢大昭，《後漢書補表》，二十五史補編第二冊，總頁1847～1904。

〔註4〕 萬斯同，《東漢九卿年表》，二十五史補編第二冊，總頁1963～1974。

〔註5〕 練恕，《後漢公卿表》，二十五史補編第二冊，總頁1975～1996。

武帝建元三年～建元五年（前138～136）	韓安國	梁成安	北地都尉	御史大夫	〈百官公卿表〉、〈韓安國傳〉
建元六年～元光四年（前135～131）	殷				〈百官公卿表〉
元光五年～元狩三年（前130～120）	鄭當時	陳	詹事	免	〈百官公卿表〉、〈鄭當時傳〉
元狩四年～元狩五年（前119～118）	顏異			坐腹誹誅	〈百官公卿表〉
元狩六年～元鼎元年（前117～116）	正夫				〈百官公卿表〉
元鼎二年～元鼎三年（前115～114）	孔僅	南陽	大農丞		〈百官公卿表〉、《史記·平準書》
元鼎四年～元鼎五年（前113～112）	客				〈百官公卿表〉
元鼎六年（前111）	張成			誅	〈百官公卿表〉、《史記·東越列傳》	太初元年改大農令為大司農
天漢元年～天漢四年（前100～97）	桑弘羊	河南洛陽	治粟都尉	搜粟都尉	〈百官公卿表〉、《史記·平準書》
太始元年～昭帝始元五年（前96～82）					〈百官公卿表〉	〈百官公卿表〉僅言大司農，未見人名。
始元六年～元鳳三年（前81～78）	楊敞	京兆尹華陰	大將軍司馬	御史大夫	〈百官公卿表〉、〈楊敞傳〉
元鳳四年～元鳳六年（前77～75）	趙彭祖	平原	河內太守	卒	〈百官公卿表〉
元鳳六年～宣帝本始元年（前73）	田延年	左馮翊陽陵	河東太守	有罪自殺	〈百官公卿表〉、〈田延年傳〉
本始二年（前72）	魏相	濟陽定陶	河南太守	御史大夫	〈百官公卿表〉、〈魏相傳〉
本始三年～地節二年（前71～68）	淳于賜				〈百官公卿表〉
地節三年（前67）	輔				〈百官公卿表〉
地節四年～元康三年（前66～63）	朱邑	廬江舒	北海太守	卒	〈百官公卿表〉、〈朱邑傳〉

神爵元年～神爵四年（前61～58）	王禹			大鴻臚	〈百官公卿表〉	
五鳳元年～黃龍元年（前57～49）	延				〈百官公卿表〉	
元帝初元元年（前48）	宏				〈百官公卿表〉	
初元二年～初元五年（前47～44）	充郎				〈百官公卿表〉	
永光元年（前43）	堯				〈百官公卿表〉	
永光二年～成帝河平元年（前42～28）	非調		光祿大夫		〈百官公卿表〉	
河平二年～永始二年（前27～15）	何壽		廷尉		〈百官公卿表〉	
永始三年（前14）	朱博	京兆尹杜陵	左馮翊	犍為太守	〈百官公卿表〉、〈朱博傳〉	
永始四年～元延二年（前13～11）	嚴訢		汝南太守	卒	〈百官公卿表〉	
元延三年（前10）	堯				〈百官公卿表〉	
元延四年（前9）	谷永	京兆尹長安	北地太守	免	〈百官公卿表〉、〈谷永傳〉	
綏和元年（前8）	許商		侍中光祿大夫	光祿勳	〈百官公卿表〉	數月遷
綏和元年	彭宣	淮陽陽夏	太原太守	光祿勳	〈百官公卿表〉、〈彭宣傳〉	
綏和二年（前7）	梁相	河東		廷尉	〈百官公卿表〉	
哀帝建平元年～建平二年（前6～5）	左咸			左馮翊	〈百官公卿表〉	
建平三年～元壽元年（前4～2）	王崇	琅琊皋虞	御史大夫	衛尉	〈百官公卿表〉、〈王吉傳〉	
元壽二年（前1）	弘譚		衛尉		〈百官公卿表〉	
平帝元始元年（西元元年）	蕭咸	東海蘭陵	中郎將	卒	〈百官公卿表〉、〈蕭望之傳〉	
元始二年（2）	孫寶	潁川鄢陵	光祿大夫	免	〈百官公卿表〉、〈孫寶傳〉	
元始五年（5）	尹咸		宗伯		〈百官公卿表〉	

後　漢						
光武建武二年～建武四年（26～28）	李　通	南陽宛	衛　尉	前將軍	《後漢書·李通傳》	
建武五年～建武十年（29～34）	江　馮				〈陳元傳〉	
建武十一年～建武十三年（35～38）	高　詡	平原般	博　士	卒	〈高詡傳〉	
建武？～建武？	卓　崇	南陽宛			〈卓茂傳〉	
建武二五年～建武二七年（49～51）	馮　勤	魏郡繁陽	尙書令	司　徒	〈光武帝紀〉、〈馮勤傳〉	
建武二七年～明帝永平元年（58）	耿　國	扶風茂陵	五官中郎將	卒	《後漢紀·光武帝紀》、《後漢書·耿國傳》	
？～永平十一年（68）	鮭陽鴻	中　山			〈牟融傳〉	
永平十一年～永平十二年（69）	牟　融	北海安丘	大鴻臚	司　空	〈明帝紀〉、〈牟融傳〉	
永平十二年～？	常　沖				〈周澤傳〉	
？	玄　賀		沛郡太守	卒	〈第五倫傳〉	
？～永平十六年（73）	王　敏	西　河		司　徒	〈明帝紀〉	
永平十六年～永平十八年（75）	樓　望	陳留雍丘	越騎校尉	太　常	〈樓望傳〉	
章帝建初元年（76）～？	劉　寬				〈魯恭傳〉	
建初六年（81）	鄧　彪	南陽新野	奉車都尉	太　尉	〈章帝紀〉、〈鄧彪傳〉	數月代鮑昱爲太尉
建初六年～建初八年（83）	鄭　眾	河南開封	左馮翊	卒	〈鄭興傳〉	
建初八年～元和元年（84）	鄭　弘	會　稽		太　尉	〈章帝紀〉、〈鄭弘傳〉、《東觀漢記》	
元和元年～元和三年（86）	宋　由	京兆尹長　安		太　尉	〈章帝紀〉	
章和元年～和帝永元四年（87～92）	尹　睦	河南鞏		太　尉	〈和帝紀〉、〈袁安傳〉、〈張酺傳〉	
永元四年～永元六年（94）	陳　寵	沛國淡	廣漢太守	廷　尉	〈陳寵傳〉	

永元六年～永元十二年（100）	張　禹	趙國襄國	下邳相	太　尉	〈和帝紀〉、〈張禹傳〉	
永元十二年～永元十四年（102）	徐　防	沛國銍	少　府	司　空	〈和帝紀〉、〈徐防傳〉	
？	鮑　德	上黨屯留	南陽太守	卒	〈鮑永傳〉	
？～安帝永初二年（108）	何　熙	陳　國	司隸校尉	車騎將軍	華嶠《後漢書‧何熙傳》、《後漢書‧梁懂傳》	
？～元初元年（114）	司馬苞	山陽東緡		太　尉	〈安帝紀〉	
？～建光元年（121）	朱　寵	京兆杜陵		免	〈鄧騭傳〉、〈陳忠傳〉	
？～陽嘉三年（134）	黃　尚	河南邔		司　徒	〈順帝紀〉、〈李固傳〉	
？	劉　據				〈左雄傳〉	
？～漢安元年（142）	胡　廣	南郡華容	汝南太守	司　徒	〈順帝紀〉、〈胡廣傳〉	
漢安元年	黃　昌	會稽餘姚	將作大匠	太中大夫	〈黃昌傳〉	
漢安元年～建康元年（144）	李　固	漢中南鄭	將作大匠	太　尉	〈順帝紀〉、〈沖帝紀〉、〈李固傳〉、熊氏《後漢書年表校補》	
建康元年～？	杜　喬	河內林慮	太子太傅	大鴻臚	〈桓帝紀〉、〈杜喬傳〉、熊氏《後漢書年表校補》	
？～桓帝建和三年（149）	張　歆	河　內		司　徒	〈桓帝紀〉	
建和三年～？	羊　傅				〈崔寔傳〉	
？～延熹元年（158）	陳　奇				〈趙咨傳〉	
延熹元年～延熹二年（159）	黃　瓊	江夏安陸		太　尉	〈桓帝紀〉、〈黃瓊傳〉	
延熹三年～延熹四年（160～161）	种　暠	河南洛陽	度遼將軍	司　徒	〈桓帝紀〉、〈种暠傳〉	
延熹五年（162）	李　暠	下　邳			〈蘇不韋傳〉、〈單超傳〉	
延熹八年（165）	劉　祐	中山安國			〈劉祐傳〉、〈李膺傳〉	
延熹九年（166）	張　奐	敦煌酒泉	度遼將軍	護匈奴中郎將	〈桓帝紀〉、〈張奐傳〉	
永康元年～靈帝建寧元年（167～168）	尹　勳	河南鞏	將作大匠	自　殺	〈靈帝紀〉、〈尹勳傳〉	

建寧元年～建寧二年（169）	張 奐	敦煌酒泉	少 府	太 常	〈張奐傳〉	
?	伏 質	琅玡東武			〈伏湛傳〉	
光和元年（178）	馮 方				〈羊涉傳〉	
光和二年（179）	曹 棱				〈光和斛光和權〉	
?～中平元年（184）	張 溫	南陽穰		司 空	〈靈帝紀〉	
中平元年～中平四年（187）	曹 嵩	沛國譙		太 尉	〈靈帝紀〉、〈曹騰傳〉	
?	周 忠	廬江舒			〈周榮傳〉	
?	張 馴	濟陰定陶	尚 書		〈張馴傳〉	
獻帝興平元年（194）	朱 儁	會稽上虞			〈朱儁傳〉	
興平元年～興平二年（195）	張 義			戰 歿	〈靈帝紀〉	
建安二年（197）	鄭 玄	北海高密		以病乞還家	〈鄭玄傳〉	
建安十九年（214）	王 邑				《三國志·魏書武帝紀》裴注	

根據上表所列，將闕疑者逐一論析如下：

一、前 漢

（一）

在表中，自高祖元年（前 206）首見治粟內史襄，至景帝後元二年（前 142）方見大農令惠，此間凡六十五年，未見有他人。《漢書·百官公卿表》亦闕載，故周壽昌云：「表中必有脫漏。」〔註6〕其言甚是。

（二）

《史記·東越列傳》云：

> 元鼎五年（前 112），南越反，……元鼎六年（前 111）秋，餘善聞樓船請誅之，漢兵臨境且往，乃遂反，發兵距道。……是時漢使大農張成、故山州侯齒將屯，弗敢擊，卻就便處，皆坐畏懦誅。〔註7〕

〔註6〕周壽昌，《漢書注校補》，頁 176。
〔註7〕《史記》，卷一一四〈東越列傳第五十四〉，葉 3 上～4 上。

又〈平準書〉云：

> 元封元年（前110），……桑弘羊爲治粟都尉領大農，盡代僅筦天下
> 鹽鐵。〔註8〕

可知自元鼎六年張成被誅後，至天漢元年（前100）間，並未任命大農，而係
由桑弘羊以治粟都尉代領。則前引〈平準書〉中「盡代僅筦天下鹽鐵」一句
有待商榷。

　　按：孔僅爲大農令，據表可知，在元鼎二年（前115）至元鼎三年（前
114）。此後尚有大農令客及張成。此直接言代僅筦天下鹽鐵，或係僅雖不任大
農令，因受武帝之信任仍筦天下鹽鐵，至元封元年始由桑弘羊取代。

（三）

　　武帝太始元年（前96）至昭帝始元五年（前82）十五年間，在〈百官公
卿表〉中，僅書大司農，而缺任職者之名。此時大司農的職務，或許由搜粟
都尉桑弘羊兼領。按桑弘羊於太始元年貶爲搜粟都尉，後元二年（前87）爲
御史大夫〔註9〕。在時間上頗爲契合。馬元材，認爲此時大司農往往以「搜粟
都尉」稱之爲旁證〔註10〕，則此說殆可成立。

（四）堯

《漢書·夏侯勝傳》云：

> （夏侯）勝子兼爲左曹太中大夫，孫堯至長信少府、司農、鴻臚，
> 曾孫蕃郡守、州牧、長樂少府。〔註11〕

按：在前漢大司農堯凡二見，一在元帝永光元年（前43），一在成帝元延三年
（前10），二者皆僅任一年。按夏侯勝卒於宣帝本始四年（前70），享年九十
歲〔註12〕。則其時，其孫堯約在五十至六十歲左右，至永光元年任大司農，
則約當八十歲左右，若至元延三年才任大司農則近百歲。又據夏侯勝傳，知
堯先任司農再任大鴻臚，在〈百官公卿表〉中，並無堯任大鴻臚的記載。由
本始四年起至哀帝建平元年（前6），任大鴻臚者依序爲梁、蕭望之、李彊、

〔註8〕　前引書，卷三十〈平準書第八〉，葉18下～19上。

〔註9〕　《漢書》，卷十九〈百官公卿表第七下〉，葉8下；卷六十八〈霍光金日磾傳
　　　　第三十八〉，葉2上。

〔註10〕　馬元材，《桑弘羊年譜》（臺北：臺灣商務印書館印行，1975年9月臺一版），
　　　　頁88。

〔註11〕　《漢書》，卷七十五〈眭兩夏侯京翼李傳第四十五〉，葉5下。

〔註12〕　同前註，葉5上。

王禹、顯、馮野王、浩賞、漢、韋安世、勳、愼、平當、蕭育、王嘉、謝堯
〔註13〕。在此諸人中，僅有馮野王與浩賞間有一年〔註14〕，及漢與韋安世間
有三年未見大鴻臚〔註15〕。此二者距永光元年較近，夏侯堯有可能在此時任
大鴻臚，故永光元年之大司農堯爲夏侯堯，而元延三年之大司農堯，則爲另
一人。

（五）非 調

《居延漢簡》云：

> 守大司農光祿大夫臣調昧死言守受簿丞慶前以請詔使護軍屯食守部
> 丞武以東至西河郡十一農都尉官＿調物錢穀漕轉糴爲民困乏啓調有
> 餘給＿□☒（214.33A）

勞貞一先生認爲此乃元帝永元二年或三年詔，守大司農光祿大夫即非調
〔註16〕。按〈百官公卿表〉中，爲大司農名調者，亦僅有非調。非調顏師古
曰大司農名非調，周壽昌疑爲姓非名調〔註17〕。就上引簡文觀之，應係姓非
名調。

（六）馬 宮

司馬彪《續漢書·胡廣傳》云：

> 廣六世祖剛，大司農馬宮辟爲掾，值王莽居攝，剛即解其衣冠懸府
> 門而去。〔註18〕

按《漢書·馬宮傳》及《後漢書·胡廣傳》均作「大司徒」馬宮〔註19〕，司
馬彪之說誤。故不列於表，僅附載於此供參考。

〔註13〕 前引書，卷十九〈百官公卿表第七下〉，葉11上～17下。
〔註14〕 按馮野王於建昭元年（前38）爲大鴻臚，五年爲上郡太守。浩賞於成帝建始
二年（前31）爲大鴻臚。馮野王爲大鴻臚五年，係至竟寧元年（前33），故
在成帝建始元年（前32）一年未見大鴻臚。
〔註15〕 按河南太守於建始四年（前29）爲大鴻臚，一年免，至河平四年（前25）
韋安世始任大司農，其間已空三年。
〔註16〕 勞榦，〈居延漢簡考證〉，《勞榦學術論文集甲編》（臺北：藝文印書館印行，
1976年10月初版），頁388。
〔註17〕 周壽昌，前引書，頁454。
〔註18〕 司馬彪撰，汪文台輯，《續漢書》（新校本漢書附編六，臺北：鼎文書局，1977
年9月初版），卷三〈胡廣傳〉，葉17下。
〔註19〕 《漢書》，卷八十一〈匡張孔馬傳第五十一〉，葉26下～27上。《後漢書》，卷
四十四〈列傳第三十四·胡廣傳〉，葉10下。

二、後　漢

（一）楊　音

《續漢書・五行志》云：

> 建武元年（25），赤眉賊率樊崇、逢安等，共立劉盆子爲天子，然崇
> 等視之如小兒。……後正旦，至君臣欲共饗。既坐，酒食未下，群
> 臣更起，亂不可整。時大司農楊音案劍怒曰：「小兒戲尚不如此。」
> 其後遂破壞。〔註20〕

按楊音爲大司農，雖在建武元年，然其係劉盆子之屬，非在光武帝朝內，故
不列入表中，僅附載於此，以供參考。

（二）江　馮

《後漢書・陳元傳》：

> 元以才高著名，辟司空李通府。時大司農江馮上言，宜令司隸校尉
> 督察三公。〔註21〕

熊表及校補均未載江馮任大司農。錢表以建武七年（31）江馮爲大司農
〔註22〕。萬表以江馮任大司農係建武五年至建武八年〔註23〕。練表以江馮爲
大司農在建武七年〔註24〕。按：李通於建武五年春，由大司農代王梁爲前將軍
〔註25〕，建武七年五月爲司空，至十二年罷司空〔註26〕。由此《資治通鑑》
將江馮上言，陳元上疏事繫於建武七年五月李通爲大司空時〔註27〕。則江馮
任大司農當在七年五月以前，有可能在李通由大司農拜前將軍時即接任，或是
在建武五年至七年間出任大司農。但目前所考知，在李通之後任大司農者僅
有江馮一人，故暫將江馮任大司農年代訂於建武五年。又萬表以江馮僅任大司
農至建武八年，亦值得討論。按高詡於建武十一年（35）爲大司農〔註28〕，

〔註20〕　《續漢書志》，卷十三〈五行一〉，葉 3 下～4 上。
〔註21〕　《後漢書》，卷三十六〈列傳第二十六〉，葉 17 下。
〔註22〕　錢大昭，《後漢書補表》，卷七〈公卿上〉，頁 36。
〔註23〕　萬斯同，《東漢九卿年表》，頁 1。
〔註24〕　練恕，《後漢公卿表》，頁 2。
〔註25〕　《後漢書》，卷十五〈列傳第五・李通傳〉，葉 3 下。
〔註26〕　前引書，卷一〈帝紀一下〉，光武皇帝，葉 5 上、10 上。
〔註27〕　司馬光，《資治通鑑》（臺北：建宏出版社，1971 年出版），卷四十二〈漢紀三
　　　　　十四〉，頁 1353。
〔註28〕　《後漢書》，卷七十九〈列傳第六十九・儒林下・高詡傳〉，葉 2 上～2 下。

在高詡之前是否有他人出任大司農雖不可考，但並不能排除另有他人的可能性，如此則萬表之說或可成立，可是亦無確切旁證加以證明。爲求謹慎，在目前僅能據所考知，暫將江馮任大司農的時間訂爲建武五年至建武十年間。

（三）卓　崇

《後漢書・卓茂傳》云：

> （卓茂）建武四年（28）薨，……子崇嗣，徙汎鄉侯，官至大司農。〔註29〕

按：建武四年卓茂去世，則是時卓崇當已成人，故卓崇約出生於漢平帝年間，其出任大司農當在建武一朝。自建武十三年高詡以大司農卒於官，至建武二十五年（49）馮勤出任大司農〔註30〕，有二十一年的時間闕大司農。卓崇任大司農當在此時，只是任期很難斷定而已，故表列於高詡及馮勤之間。

（四）耿　國

《後漢書・耿國傳》云：

> （建武）二十七年，代馮勤爲大司馬，……永平元年（58）卒於官。〔註31〕

按：由註30所引帝紀知，建武二十七年馮勤以大司農爲司徒。又袁宏《後漢紀》亦云：

> （耿）國有籌策，數言邊事，天子器之，官至大司農。〔註32〕

《東觀漢記・耿國傳》亦云：

> 耿國字叔憲，爲大司農，曉邊事，能論議，數上便宜事，天子器之。〔註33〕

故范書之「代馮勤爲大司馬」，當作「代馮勤爲大司農」。

〔註29〕前引書，卷二十五〈列傳第十五・卓茂傳〉，葉4下。
〔註30〕前引書，卷二十六〈列傳第十六・馮勤傳〉，葉19下云：「拜大司農，三歲遷司徒。」卷一〈帝紀一下〉，葉26下云：「（建武）二十七年，……大司農馮勤爲司徒。」是馮勤於建武二十五年任大司農。
〔註31〕前引書，卷十九〈列傳第九・耿弇傳〉，葉15下。
〔註32〕袁宏，《後漢紀》（臺北：華正書局，1974年7月臺一版），〈光武皇帝紀卷第五〉，葉2上。
〔註33〕姚之駰輯，《東觀漢記》（新校本後漢書附編一，臺北：鼎文書局，1977年9月初版），卷八〈列傳三・耿國傳〉，頁67。

（五）鮭陽鴻

《後漢書・牟融傳》云：

> （永平）十一年（68），代鮭陽鴻爲大司農。〔註34〕

按：由此可知，在牟融之前任大司農者爲鮭陽鴻，且於永平十一年去職。然其是否自永平元年耿國卒於官後即任大司農，或如錢表、練表所云，永平十年爲大司農〔註35〕，因史料不足徵，故闕疑。

（六）常　沖

《後漢書・周澤傳》云：

> （永平）十年，拜太常，澤果敢直言，數有據爭。後北地太守廖信坐貪穢下獄，沒入財產，顯宗以信藏物班諸廉吏。唯澤及光祿勳孫堪、大司農常沖特蒙賜焉。〔註36〕

按：永平十一年之前任大司農者爲鮭陽鴻，永平十一年至十二年任大司農者爲牟融〔註37〕。廖信坐貪穢事，據上文觀之，係發生在永平十年之後。又孫堪任光祿勳在永平十一年〔註38〕。則常沖任大司農當在永平十二年，去職時間不詳。

（七）玄　賀

玄賀任大司農，熊表等皆未列載，其事見於《後漢書・第五倫傳》：

> 數歲，拜爲宕渠令，顯拔鄉佐玄賀，賀後爲九江、沛二郡守，以清潔稱，所在化行，終於大司農。〔註39〕

此所言數歲乃指永平五年，第五倫坐法之後〔註40〕，而玄賀是否於永平年間任大司農，因無確證，故刚於此，以供參考。

（八）王　敏

《後漢書・明帝紀》云：

> （永平十六年）六月丙寅，大司農西河王敏爲司徒。〔註41〕

〔註34〕《後漢書》，卷二十六〈列傳第十六・牟融傳〉，葉25下。

〔註35〕同註22，頁39。同註23，頁5。

〔註36〕《後漢書》，卷七十九〈列傳第六十九・儒林下・周澤傳〉，葉11上。

〔註37〕前引書，卷二〈帝紀第二・孝明帝〉，葉19下。

〔註38〕同註36，葉12下。

〔註39〕前引書，卷四十一〈列傳第三十一・第五倫傳〉，葉4上。

〔註40〕同前註，葉3下。

〔註41〕同註37，葉23下。

此為王敏任大司農的唯一記錄，至於其何時始任大司農，則乏史料佐證。

（九）劉　寬

《後漢書・魯恭傳》：

> 建初元年（76），肅宗詔舉賢良方正，大司農劉寬舉（魯）丕。
> 〔註42〕

按：樓望於永平十八年，以大司農代周澤為太常〔註43〕，則劉寬任大司農當在建初元年，何時去職則無徵。

（十）徐　防

《後漢書・徐防傳》云：

> 永元十年（98），遷少府、大司農。〔註44〕

按：同書〈張禹傳〉云：「永元六年（94）入為大司農，拜太尉。」〔註45〕張禹拜太尉為永元十二年九月丙寅〔註46〕。故永元六年至十二年為大司農者係張禹，徐防代禹任大司農當在永元十二年。諸以敦以本傳按書於十年之年，其書法和張禹傳同，不可據改〔註47〕。錢大昭認為應從本傳〔註48〕，誤矣。

（十一）鮑　德

《後漢書・鮑永傳》云：

> （鮑昱）子德，……累官為南陽太守。……在職九年，徵拜大司農。
> 卒於官。〔註49〕

按：熊表、錢表、萬表及練表均未提及鮑德任大司農，然諸以敦校補以〈陳寵傳〉章和二年（88）時，鮑德尚為黃門侍郎，推斷代徐防為鮑德〔註50〕。再就年齡而言，德父鮑昱，於建初六年（81）卒，年七十餘〔註51〕。是時德

〔註42〕前引書，卷二十五〈列傳第十五・魯恭傳〉，葉15下。
〔註43〕同註28，〈樓望傳〉，葉14上。
〔註44〕前引書，卷四十四〈列傳第三十四・徐防傳〉，葉6上。
〔註45〕同前註，〈張禹傳〉，葉4上。
〔註46〕前引書，卷四〈帝紀第四・孝和皇帝〉，葉22上。
〔註47〕諸以敦，《熊氏後漢書年表校補》，頁15。
〔註48〕同註22，頁42。
〔註49〕《後漢書》，卷二十九〈列傳第十九・鮑永傳〉，葉14下。
〔註50〕同註47。
〔註51〕同註49，葉14上。

年約在四十至五十歲左右。由建初六年至永元十四年（102）則德約爲六十至七十歲矣。以此時卒於官，可與傳文所述相合，故附於徐防之後。唯其任職時間不可考。

（十二）何　熙

《後漢書‧梁慬傳》云：

> 何熙，……少有大志。永元中爲謁者，身長八尺五寸，善爲威容，贊殿中，音動左右。和帝偉之，擢爲御史中丞，歷司隸校尉，大司農。〔註52〕

又華嶠《後漢書‧何熙傳》云：

> 歷任司隸校尉、大司農。永初二年（108），南單于與烏丸俱反，以熙行車騎將軍征之。〔註53〕

可知何熙在何時爲大司農雖不可考，然去職時間約在永初二年。

（十三）司馬苞

司馬苞爲大司農，僅見於《後漢書‧安帝紀》：

> （元初元年九月）辛未，大司農山陽司馬苞爲太尉。〔註54〕

至於司馬苞是否自永初二年起代何熙爲大司農，則待考。

（十四）朱　寵

朱寵任大司農的資料，凡二見。《後漢書‧鄧禹傳》云：

> 建光元年（121），太后崩。……及太后崩，宮人有受罰者，懷怨恚，因誣告悝、弘、闔，先從尚書鄧訪取廢帝故事，謀立平原王得。帝聞追怒，令有司奏悝等大逆無道，……（鄧）騭以不與謀，得免特進，遣就國。……又徙封騭爲羅侯，騭與子鳳並不食而死。……大司農朱寵痛騭無罪遇禍，乃肉袒輿櫬，上疏追述騭曰，……寵知其言切，自致廷尉，詔免官歸。〔註55〕

〈陳寵傳〉云：

> 及騭等敗，眾庶多怨之，而（陳）忠數上疏陷成其惡，詆劾大司農

〔註52〕前引書，卷四十七〈列傳第三十七‧梁慬傳〉，葉28下。

〔註53〕華嶠撰，汪文台輯，《後漢書》（新校本後漢書附編七，臺北：鼎文書局，1977年9月初版），卷一〈何熙傳〉，葉21上。

〔註54〕《後漢書》，卷五〈帝紀第五‧孝安皇帝〉，葉15上。

〔註55〕前引書，卷十六〈列傳第六‧鄧禹傳〉，葉20上～21下。

朱寵。〔註56〕

就此二則史料而言，朱寵任大司農的時間不詳，而去職免官當在建光元年。按錢表及練表均以朱寵於延光四年（125）以大司農爲大鴻臚〔註57〕。由鄧禹傳所載知，朱寵既已以大司農免官，自不當再以大司農爲大鴻臚。

（十五）黃　尚

《後漢書・順帝紀》云：

（陽嘉三年〔134〕十一月）乙巳，大司農南郡黃尚爲司徒。

〔註58〕

按：陽嘉二年因地動，火災之異，公卿舉李固對策，直言受宦者所疾，大司農黃尚請之於大將軍梁商，使固得免〔註59〕。由此觀之，黃尚任大司農在陽嘉二年之前，但未詳確切時間。

（十六）劉　據

劉據爲大司農僅見於《後漢書・左雄傳》：

是時大司農劉據以職事被遣，召詣尚書，傳呼促步，又加以捶撲。

〔註60〕

據此，劉據任大司農之時間，甚難推斷，校補以爲在陽嘉二年（133）〔註61〕，萬表列在陽嘉三年〔註62〕，錢表及練表均謂在永和二年（137）。〔註63〕

按：上引左雄傳之「是時」，係指封「大將軍梁商子冀爲襄邑侯」時〔註64〕，此爲陽嘉二年事，而次年以商爲大將軍，稱疾不起，至陽嘉四年始受命〔註65〕。左雄傳之稱梁商爲大將軍，顯係追述筆法，則劉據任大司農有可能在陽嘉二年。但陽嘉二年之大司農爲黃尚，故劉據任大司農正確的推斷，當在陽嘉四年後。

〔註56〕前引書，卷四十六〈列傳第三十六・陳寵傳〉，葉 26 上。
〔註57〕同註 22，頁 45；註 24，頁 11。
〔註58〕《後漢書》，卷六〈帝紀第六・孝順皇帝〉，葉 14 下。
〔註59〕前引書，卷六十三〈列傳第五十三・李固傳〉，葉 1 下～6 下。
〔註60〕前引書，卷六十一〈列傳第五十一・左雄傳〉，葉 9 下。
〔註61〕諸以敦，《熊氏後漢書年表校補》，頁 17～18。
〔註62〕同註 23，頁 8。
〔註63〕同註 22，頁 47；註 24，頁 12。
〔註64〕同註 60，葉 7 下。
〔註65〕前引書，卷三十四〈列傳第二十四・梁統傳〉，葉 11 下。

（十七）胡　廣

《後漢書·順帝紀》云：

> （漢安元年〔142〕）十一月壬午，大司農胡廣爲司徒。〔註66〕

又〈胡廣傳〉云：

> 廣典機事十年，出爲濟陰太守，以舉吏不實免。復爲汝南太守，入
> 拜大司農。漢安元年，遷司徒。〔註67〕

可知胡廣自大司農遷司徒在漢安元年，但拜大司農之時，則不可考。

（十八）杜　喬

《後漢書·桓帝紀》云：

> （建和元年〔147〕）六月，太尉胡廣罷，大司農杜喬爲太尉。
>
> 〔註68〕

又〈杜喬傳〉云：

> 漢安元年，以喬守光祿大夫，使徇察兗州。……還，拜太子太傅，
> 遷大司農。……累進大鴻臚。……遷光祿勳。建和元年，代胡廣爲
> 太尉。〔註69〕

由此可知，代胡廣爲太尉時，杜喬任光祿勳，非大司農，帝紀誤，今從本
傳。又拜大司農年代，諸氏校補認爲當在建康元年（144）八月，李固遷太尉
後〔註70〕。從之。

（十九）張　歆

張歆爲大司農僅見於〈桓帝紀〉：

> （建和三年〔149〕）冬十月，……大司農河內張歆爲司徒。〔註71〕

其拜大司農時不可考。

（二十）羊　傅

《後漢書·崔寔傳》云：

> 其後辟太尉袁湯，大將軍梁冀府，並不應。大司農羊傅、少府何豹

〔註66〕同註58，葉20下。
〔註67〕前引書，卷四十四〈列傳第三十四·胡廣傳〉，葉15上～15下。
〔註68〕前引書，卷七〈帝紀第七·孝桓皇帝〉，葉4上。
〔註69〕前引書，卷六十三〈列傳第五十三·杜喬傳〉，葉22上～23上。
〔註70〕同註61，頁18。
〔註71〕同註68，葉7上。

上書薦寔才美能高，宜在朝廷。〔註72〕

按：袁湯拜太尉在建和三年至永興元年（153）〔註73〕，又大司農張歆以建
和三年爲司徒〔註74〕，故羊傳之拜大司農，當在建和三年，何時去職不可
考。

（二十一）陳　奇

《後漢書·趙咨傳》云：

延熹元年（158）大司農陳奇與咨至孝有道，仍遷博士。〔註75〕

又〈黃瓊傳〉云：

延熹元年，（太尉黃瓊）以日食免，復爲大司農。明年，……復拜瓊
爲太尉。〔註76〕

按：黃瓊於延熹元年七月甲子免太尉〔註77〕。則復爲大司農的時間在七月之
後，故陳奇之去職應在此時，其拜大司農時不詳。

（二十二）种　暠

《後漢書·种暠傳》云：

桓帝擢暠爲度遼將軍，……入爲大司農。延熹四年，遷司徒。〔註78〕

按：延熹二年，李膺由度遼將軍徵爲河南尹〔註79〕。則种暠任度遼將軍當在
此年，其任大司農，當爲延熹三年。諸氏校補亦以延熹三年爲是。〔註80〕

（二十三）李　暠

李暠爲大司農的記載，見於《後漢書·蘇章傳》蘇不韋附傳中〔註81〕。
其任大司農的時間難詳，然李暠在延熹年間爲汝南太守〔註82〕。故李暠爲延
熹年間人。錢表、練表皆以李暠在延熹五年拜大司農。〔註83〕

〔註72〕前引書，卷五十二〈列傳第四十二·崔寔傳〉，葉25下。
〔註73〕同註68，葉7上、葉10上。
〔註74〕同註71。
〔註75〕前引書，卷三十九〈列傳第二十九·趙咨傳〉，葉22上。
〔註76〕前引書，卷六十一〈列傳第五十一·黃瓊傳〉，葉26下～27上。
〔註77〕同註68，葉13下。
〔註78〕前引書，卷五十六〈列傳第四十六·种暠傳〉，葉16上～16下。
〔註79〕前引書，卷六十七〈列傳第五十七·黨錮·李膺傳〉，葉11上。
〔註80〕同註61，頁20。
〔註81〕《後漢書》，卷三十一〈列傳第二十一·蘇章傳〉，葉19上。
〔註82〕前引書，卷七十八〈列傳第六十八·宦者·單超傳〉，葉16下～17上。
〔註83〕同註22，頁50；同註24，頁15。

（二十四）劉　祐

《後漢書・劉祐傳》云：

> 延熹四年，拜尚書令，又出爲河南尹，轉司隸校尉。……拜宗正，
> 三轉大司農。〔註84〕

練表以延熹五年劉祐拜大司農〔註85〕，就前引觀之，劉祐任大司農似不應在延熹五年，蓋在一年之內轉任多職之例甚微。故校補訂在延熹八年，較爲客觀。〔註86〕

（二十五）尹　勳

《後漢書・尹勳傳》云：

> 及桓帝誅大將軍梁冀，勳參建大謀，封都鄉侯。遷汝南太守。上書
> 解釋范滂、袁忠等黨議禁錮。尋徵拜將作大匠，轉大司農。坐竇武
> 等事，下獄自殺。〔註87〕

按：竇武等謀誅宦官發生於靈帝建寧元年（168），尹勳是時爲尚書令〔註88〕。尹勳爲尚書令據本傳係在封都鄉侯前，坐竇武時，爲大司農〔註89〕。帝紀所載誤。故尹勳任大司農，爲永康元年（167）至建寧元年。

（二十六）伏　質

伏質任大司農僅見於《後漢書・伏湛傳》：

> （伏）無忌卒，子質嗣，官至大司農。質卒，子完嗣，尚桓帝女陽
> 安長公主。女爲孝獻皇后。〔註90〕

按：伏質拜大司農確切年雖不可詳考，但由所引可稍作推斷。伏質拜大司農在其父無忌卒後，無忌在元嘉中（151～152）尚與黃景、崔寔等共撰《漢紀》〔註91〕。且其孫女孝獻伏皇后，於建安十九年（214）爲曹操所害〔註92〕。故伏質任大司農，當在靈帝初年，附於尹勳後以供參考。

〔註84〕同註79，〈劉祐傳〉，葉18下。
〔註85〕同註24，頁15。
〔註86〕同註61，頁21。
〔註87〕同註79，〈尹勳傳〉，葉27上～27下。
〔註88〕前引書，卷八〈帝紀第八・孝靈帝〉，葉3下。
〔註89〕同註87。
〔註90〕前引書，卷二十六〈列傳第十六・伏湛傳〉，葉6下。
〔註91〕同前註。
〔註92〕前引書，卷十〈皇后紀第十下・獻帝伏皇后〉，葉20下～21下。

（二十七）馮　方

《後漢書·羊陟傳》云：

> 時太尉張顥、司徒樊陵，大鴻臚郭防、太僕曹陵、大司農馮方，並
> 與宦豎相姻私，公行賄賂。〔註93〕

按：張顥為太尉在光和元年（178）三月，同年九月罷〔註94〕。樊陵任司徒則不可考。故馮方任大司農光和元年九月之前。

（二十八）曹　袚

曹袚任大司農的記載，不僅未見於《後漢書》，同時也無曹袚其人。只出現在三件光和二年銅斛和一件光和二年銅權上。三件光和斛的銘文各有差異，但 I、III 兩者較為接近，都有「……光和二年大司農曹袚（或釋作曹袾、曹袚）……」的字樣。但在光和權上，大司農的名字很清楚的看出是曹袚。在光和年間名與曹袚相似的有光和元年太僕曹陵。這個大司農曹袚當即太僕曹陵。雖然史書沒有記載曹陵任大司農，但在兩漢同級官員調動頻繁的情形下，可推斷在光和元年有太僕曹陵，光和二年曹陵為大司農。〔註95〕

（二十九）張　溫

張溫任大司農見於《後漢書·靈帝紀》：

> （中平元年〔184〕四月）司空張濟罷，大司農張溫為司空。〔註96〕

至於何時拜大司農，不詳。

（三十）曹　嵩

曹嵩任大司農亦僅見於〈靈帝紀〉：

> （中平四年）十一月，太尉崔烈罷，大司農曹嵩為太尉。〔註97〕

按：中平元年大司農張溫為司空，故曹嵩有可能在中平元年拜大司農。

（三十一）周忠、張馴

《後漢書·周景傳》云：

〔註93〕同註79，〈羊陟傳〉，葉 28 下。
〔註94〕同註88，葉 10 上～10 下。
〔註95〕高大倫、張懋鎔，〈漢光和斛、權的研究〉，《西北大學學報》1983 年第四期，頁 73～83。
〔註96〕同註88，葉 15 上～15 下。
〔註97〕同前註，葉 20 下。

（景）中子忠，少歷列位，累遷大司農。〔註98〕

周忠於何時任大司農，於此並未說明。校補以爲當在張馴之後〔註99〕。練表則反之，以周忠在靈帝中平六年（189）任大司農，張馴任大司農在獻帝初平元年（190）。〔註100〕

按：《後漢書·張馴傳》云：

光和七年，徵拜尚書，遷大司農。初平中，卒於官。〔註101〕

靈帝光和僅有六年〔註102〕，此作七年恐係誤書，則張馴在中平元年拜尚書。由上述，知曹嵩在中平四年以大司農爲太尉，張馴很有可能在此年遷大司農，至初平中方去世，據此張馴當在周忠之前任大司農。但是周忠在初平三年冬十二月以光祿大夫爲太尉〔註103〕，其任光祿大夫當在初平三年之前，若以之在初平中，張馴去世後繼任爲大司農，顯有矛盾。竊以爲，周忠係繼曹嵩爲大司農，其後爲張馴。如此則張馴初平中卒於官，和周忠在初平三年前爲光祿大夫的說法，可以並行不悖矣。

（三十二）朱　儁

《後漢書·朱儁傳》云：

初平四年（193）代周忠爲太尉，錄尚書事。明年（興平元年〔194〕）秋，以日食免，復行驃騎將軍事，持節鎮關東。未發，會李傕殺樊稠，而郭汜又自疑，與傕相攻，長安中亂，故儁止不出，留拜大司農。獻帝詔儁與太尉楊彪等十餘人譬汜，令與李傕和，汜不肯，遂留質儁等，儁素剛，即日發病卒。〔註104〕

由此可知朱儁係於興平元年任大司農，旋卒。練表以朱儁於興平二年代張義爲大司農誤矣。〔註105〕

（三十三）張　義

《後漢書·獻帝紀》云：

〔註98〕前引書，卷四十五〈列傳第三十五·周榮傳〉，葉25上。
〔註99〕同註61，頁28。
〔註100〕同註24，頁20。
〔註101〕《後漢書》，卷七十九〈列傳第六十九·儒林上·張馴傳〉，葉15下。
〔註102〕前引書，卷八〈帝紀第八·孝靈帝〉，葉14下。
〔註103〕前引書，卷九〈帝紀第九·孝獻帝〉，葉6上。
〔註104〕《後漢書》，卷七十一〈列傳六十一·朱儁傳〉，葉18下～19上。
〔註105〕同註24，頁22。

（興平二年）十二月庚辰，……李傕等復來追戰，王師大敗，殺略宮人，少府周芬、大司農張義等皆戰歿。〔註106〕

由前引〈朱儁傳〉及此，知張義係繼朱儁為大司農者。

（三十四）鄭　玄

鄭玄為大司農，諸表皆未列入。按：《續漢書・祭祀志》云：

大司農鄭玄說：「古者有大功則配食其神，故句龍配食於社，棄配食於稷。……」〔註107〕

又〈鄭玄傳〉云：

（袁）紹乃舉玄茂才，表為左中郎將，皆不就。公車徵為大司農，給安車一乘，所過長吏送迎，玄乃以病自乞還家。〔註108〕

此乃袁紹總兵冀州時〔註109〕，為獻帝建安二年（157）事〔註110〕。但鄭玄並未赴任即已還家，附載此以供參考。

（三十五）王　邑

《三國志・魏書武帝紀》云：

（建安十八年）秋七月，……天子聘公三女為貴人，少者待年于國。

裴松之注引《獻帝起居注》曰：

使使持節行太常大司農安陽亭侯王邑，齎璧、帛玄纁、絹五萬匹之鄴納聘，介者五人，皆以議郎行大夫事，副介一人。〔註111〕

王邑任大司農，當在建安十八年前後，亦為考知兩漢大司農之最後一人。

以上所論兩漢歷任大司農之任職先後及時間，至後漢末年諸人，因文獻記載缺乏明證，無法做最正確的交代，因之遂以折中前人研究成果為主。

第二節　兩漢大司農的比較

在前漢的財政為大司農、少府及水衡都尉所分掌，是一種二元化的財政制度；在後漢財政已為大司農所掌。因此就財政制度而言，兩漢之間已有相

[註106] 同註103，葉10下。
[註107] 《續漢書志》，卷九〈祭祀下〉，葉10下。
[註108] 《後漢書》，卷三十五〈列傳第二十五・鄭玄傳〉，葉21上。
[註109] 同前註。
[註110] 前引書，卷七十四〈列傳第六十四上・袁紹傳〉，葉15下。
[註111] 陳壽，《三國志・魏書》，卷一〈武帝紀第一〉，葉38下。

當的差異存在，茲僅依兩漢歷任大司農的出身背景、宦途、地理分布、職權和組織四者作一比較。

一、兩漢歷任大司農的出身背景

兩漢歷任大司農出身背景可考者僅列表如下：

表七：兩漢歷任大司農出身背景統計表

出身類	姓　　　　　　　　　名	共　計
前　漢		
賈　人	孔僅（《史記》卷三十、《漢書》卷二十四下）、桑弘羊（《史記》卷三十、《漢書》卷二十四下）。〔註112〕	2人
儒　者	魏相（《漢書》卷七十四）、堯（《漢書》卷七十五）、谷永（《漢書》卷三十五）、許商（《漢書》卷二十九、卷三十、卷一〇〇上）、彭宣（《漢書》卷七十一）、左咸（《漢書》卷十二、卷八十八、卷九十九中）、孫寶（《漢書》卷七十七、卷八十四、卷八十八）、尹咸（《漢書》卷三十六、卷八十八）。	8人
法　家	韓安國（《史記》卷一〇八、《漢書》卷五十二）。	1人
黃　老	鄭當時（《史記》卷三十、卷一二〇、《漢書》卷五十、卷二十四下、卷二十九）。	1人
地方官掾屬累遷者	韓安國、鄭當時、顏異（《史記》卷三十、《漢書》卷二十四下）、魏相、朱邑（《漢書》卷八十九）、朱博（《漢書》卷八十三）、嚴訢（《漢書》卷十）、彭宣、王崇（《漢書》卷七十二）、蕭咸（《漢書》卷七十八、卷八十一、卷九十三）、孫寶。	11人
後　漢		
賈　人	李通（《後漢書》卷十五）。〔註113〕	1人
儒　者	高翊（《後漢書》卷七十九下）、卓崇（《後漢書》卷二十五）、耿國（《後漢書》卷十九）、牟融（《後漢書》卷二十六）、樓望（《後漢書》卷七十九下）、鄭眾（《後漢書》卷三十六）、徐防（《後漢書》卷四十四）、鮑德（《後漢書》卷二十九）、杜喬（《後漢書》卷六十三）、伏質（《後漢書》卷二十六）、劉祐（《後漢書》卷六十七）、張奐（《後漢書》卷六十五）、張馴（《後漢書》卷七十九上）、鄭玄（《後漢書》卷三十五）。	14人
由地方官掾屬累遷者	樓望、鄧彪（《後漢書》卷四十四）、鄭玄（《後漢書》卷三十三）、陳寵（《後漢書》卷四十六）、胡廣（《後漢書》卷四十四）、黃昌（《後漢書》卷七十七）、种暠（《後漢書》卷五十六）、朱儁（《後漢書》卷七十一）。	8人

說明：本表前漢部分，參考山田勝芳《漢代財政制度に關する――考察》一文中之統計。

〔註112〕《史記》，卷三十〈平準書第八〉，葉9上云：「弘羊雒陽賈人子。」故列入賈人類。

〔註113〕《後漢書》，卷十五〈列傳第五・李通傳〉，葉1上云：「世以貨殖者。」

　　由上表可知，前漢大司農出身背景爲賈人或商賈之家者有孔僅、桑弘羊，而後漢僅有李通。李通係南陽宛人，爲貨殖世家，在建武二年拜大司農，他的任務爲「守京師，鎭撫百姓，修宮室，起學官。」〔註114〕和前漢初年蕭何的工作有相類似〔註115〕。並未如孔僅、桑弘羊一樣，制定了影響後世的財經政策。

　　由儒者出任大司農者在前漢有八人，後漢有一四人，且前漢的八人，皆爲宣帝以後的人，這和宣、元以後儒家勢力的抬頭有很大的關係。就財經思想的衍變而言，在前漢武帝時，執行財經政策的爲商人財政家，但爲王莽建議行六筦等政策的，則爲經古文之學者，而至東漢之禁民二業的經濟政策，也是由董仲舒的天道思想而來〔註116〕。在這種儒家的財經政策下，經由王莽的改革失敗後，成爲一種毫無特色的經濟政策。

　　經由地方官掾屬累遷而任大司農者，在前漢有一一人，後漢只有八人，顯然在後漢似乎較不注重任大司農在地方上的歷練，這和後漢時將許多原屬大司農所掌的地方性較著的事業，如鹽鐵等轉移到地方由地方官掌理，可能有很大的關係。

二、兩漢大司農的宦途比較

　　由表六，可看出兩漢歷任大司農，在出任大司農之前任官情形爲：

表八：兩漢除補大司農職官表

時代＼官名人數	執盾隊史	北地都尉	詹事	治粟都尉	大將軍司馬	太守	光祿大夫	廷尉	左馮翊	御史大夫	衛尉	中郎將	宗伯	博士
前漢	1	1	1	1	1	7	3	1	1	1	1	1	1	
後漢						4		1			1	1		1

時代＼官名人數	尚書令	大鴻臚	越騎校尉	奉車校尉	下邳相	少府	將作大匠	太子太傅	太尉	度遼將軍	尚書	司隸校尉	不可考	共計
前漢													17	38
後漢	1	1	1	1	1	2	3	1		2	1	1	28	52

〔註114〕同前註，葉 3 下。
〔註115〕《漢書》，卷三十五〈蕭何曹參傳第九〉，葉 2 下。
〔註116〕李劍農，《先秦兩漢經濟史稿》（北京：三聯書店，1957 年 12 月一版），頁 285
　　　　～288。

　　至於大司農昇遷及貶抑，亦可由表六得知，其情形爲：

表九：兩漢歷任大司農昇遷、貶抑統計表

時代＼官名人數	御史大夫	搜粟都尉	大鴻臚	太守	光祿勳	廷尉	左馮翊	衛尉	前將軍	司徒	司空	太尉
前　漢	3	1	1	1	2	1	1	1				
後　漢			1			1			1	6	3	9

時代＼官名人數	太常	車騎將軍	太中大夫	護匈奴中郎將	以病乞還家	免	卒	戰歿	自殺	誅	不可考	共計
前　漢						3	4		1	2	17	38
後　漢	2	1	1	1	1	1	5		1		17	52

　　從上面的統計數字，可以看出，兩漢大司農由太守擢陞佔了很大的比例，前漢在可考知的二十一人中竟有七人，佔三分之一。由大司農陞遷，在前漢最高只到御史大夫，無至丞相者，而後漢大司農可直接陞任三公——司徒、司空、太尉，且人數高達十八人。何以有這種差異的情形呢？《漢書·朱博傳》云：

> 故事，選郡國守相高第爲中二千石，選中二千石爲御史大夫，任職者爲丞相，位次有序，所以尊聖德，重國相也。〔註117〕

由此可知在前漢出任大司農者以太守居多，及大司農只能陞遷至御史大夫，乃是有一套制度可循。至於後漢，一則已無前漢朱博傳所說的「制度」；再則後漢三公已無如前漢的尊貴。故在後漢大司農出任三公者較多，計有十八人，在和帝以前有九人，爲九卿中出任三公者的首位，但在和帝以後，則已退居第四，就整個後漢而言，亦遠落在太常、光祿卿之後，與太僕同列第三〔註118〕。這一現象說明了大司農的地位已漸趨低落，漸不受重視。

　　又前漢大司農被免官或被誅者，亦較後漢爲多。原因雖不一，但如顏異，係與論白鹿皮幣本來不相稱，而爲張湯所陷而誅〔註119〕。顯然大司農必須負政策性的責任。

〔註117〕《漢書》，卷八十三〈薛宣朱博傳第五十三〉，葉16下。
〔註118〕山田勝芳，《後漢の大司農と少府》，《史流》第八期（1977年），頁9，後漢代三公就任者の前任官。
〔註119〕《史記》，卷三十〈平準書第八〉，葉13下。

三、兩漢大司農的地理分布

由表六所列之大司農的籍貫，可窺出兩漢大司農的地理分布情形：

表十：兩漢歷任大司農地理分布表

時代＼官名人數	梁國	陳國	河南	京兆尹	平原	左馮翊	右扶風	濟陽	廬江	淮陽	河東
前漢	1	1	1	3	1	1		1	1	1	1
後漢		1	5	2	1		1		1		

時代＼官名人數	琅邪	東海	潁川	南陽	魏郡	下邳國	中山國	北海	西河	陳留	沛國
前漢	1	1	1	1							
後漢	1			4	1	1	2	2	1	1	3

時代＼官名人數	趙國	上黨	山陽	南郡	會稽	漢中	河內	江夏	敦煌	濟陰	不可考	共計
前漢											22	38
後漢	1	1	1	1	3	1	2	1	1	1	11	52

從上述的統計，可知就地理分布而言，出任大司農者，隸籍京師者，皆高居首位。同時與表三、表四對照，可以發現，在有籍貫可考者隸籍的三十一郡國中，出產鹽鐵者有十八個，人數有三十三人。前漢十五郡國中，產鹽鐵者有八個，人數有十人，而可考者才十六人。後漢二十四郡國中，產鹽鐵的有十四個，人數二十三人，已超出可考者四十一人之半數，可知在兩漢大司農，主要係由鹽鐵產地人擔任居多。

從上述統計數字，也可看出兩漢大司農的一些差異，在前漢，出任大司農者大部分係司隸、青、徐、兗、豫諸州人士，而在後漢，已不局限在此中原地區，有敦煌、中山國等邊郡人士出任，而且這些隸籍邊郡者，大都為後漢晚期人，尤其敦煌郡有二人，顯示出涼州地位的突出。另外在後漢南陽人，出任大司農者有四人，除了南陽是鐵的產地外，可能與南陽是帝鄉有很大的關係，尤其在光武帝時，即有兩位南陽宛人任大司農。

四、兩漢大司農組織與職掌的比較

《續漢書·百官志》云：

　　世祖中興，務從簡約，并官省職。〔註120〕

可知後漢職官組織較前漢減省，大司農的組織，根據《續漢書・百官志》的記載為丞一人，部丞一人；太倉令一人，丞一人；平準令一人，丞一人；導官令一人，丞一人；郡國鹽鐵官、倉官皆改屬郡縣，均輸等則省而不置〔註121〕。這一組織和《漢書・百官公卿表》所載，已省減甚多，現列表比較如下：

表十一：《漢書・百官公卿表》及《續漢書・百官志》所載大司農組織比較表

時代＼官名	丞	太倉令	均輸令	平準令	都　內	籍　田	導官令
前　漢	✓	✓	✓	✓	✓	✓	
後　漢	✓	✓		✓			✓

時代＼官名	斡　官	鹽鐵官	諸倉長丞	農　監	都　水	搜粟都尉
前　漢	✓	✓	✓	✓	✓	✓
後　漢						

　　上表只是就《漢書・百官公卿表》及《續漢書・百官志》所載，所作的一個簡略的比較。就第二章第三節的討論，大司農屬官不見諸〈百官表〉及〈百官志〉所載者尚夥，這一些百官表、志不載的，依推斷在後漢，很可能也被省減或改隸他官。兩漢大司農的組織，尚有一相異處，乃導官令在前漢為少府屬官〔註122〕，後漢則改屬大司農。

　　就職權而論，在前漢的財政系統是二元化，後漢財政之權全歸大司農，職權似應擴大。但是由組織縮小，其他原為大司農主管的業務，隨之改屬他官，職權相對的也縮減。再則，由於君主時代，官吏是否能發揮它的功能，係取決於君主對它的信賴，所以前漢時代的咸陽、孔僅、桑弘羊，甚至耿壽昌，在君主支持下，都創下了一些影響漢代及後世的政策或制度，但在後漢歷任大司農中，卻沒有這些表現。

〔註120〕《續漢書志》，卷二十四〈百官一〉，葉 1 上。
〔註121〕前引書，卷二十六〈百官三〉，葉 2 下～3 上。
〔註122〕《漢書》，卷十九〈百官公卿表第七上〉，葉 8 下。

第三節　大司農與丞相（三公）、九卿及郡國的關係

一、大司農與丞相（三公）

《漢書・百官公卿表》云：

> 相國、丞相，皆秦官，金印紫綬，掌丞天子，助理萬機。〔註123〕

所謂「掌丞天子，助理萬機」，即是承受天子之命，輔弼天子處理國家政務。換言之，丞相爲政務官之首輔。而大司農和丞相的關係如何呢？《史記・陳丞相世家》云：

> 頃之，孝文皇帝暨益明習國家事，朝而問右丞相勃曰：「天下一歲決獄幾何？」勃謝曰：「不知。」問天下一歲錢穀出入幾何？勃又謝不知，汗出沾背，愧不能對。於是上亦問左丞相平，平曰：「有主者。」上曰：「主者謂誰？」平曰：「陛下問決獄責廷尉，問錢穀責治粟內史。」上曰：「苟各有主者，而君所主者何事也。」平謝曰：「主臣。」〔註124〕

由這段記載中可知，丞相是應該知道國家一年財政（錢穀）的收支情形。而丞相如何得知，顯然係由主管國家財政的大司農向丞相府報告。故陳平在倉猝之中，答云：「問錢穀責治粟內史（大司農）。」又《漢書・鮑宣傳》云：

> 龔勝爲司直，郡國皆愼選舉，三輔委輸官不敢爲姦，可大委任。〔註125〕

按司直爲武帝元狩五年所置，職司「掌佐丞相，舉不法。」〔註126〕即司直爲丞相屬吏，凡是百官不法之情事，皆在檢舉之列。由前引可知大司農及其屬吏委輸官，亦在其督導之內，即受丞相之督導。

後王莽改丞相統國政，御史大夫爲副貳之制，變爲大司馬、大司徒、大司空鼎立之制。光武中興，一切典章制度皆儘量因襲西京舊制，殆有恐政權歸丞相，萬一權流於下，重蹈西京故轍，於是才沿用三公鼎立之制〔註127〕。丞相之權自此由三公分掌。《漢官》云：

〔註123〕同前註，葉3上。
〔註124〕《史記》，卷二十六〈陳丞相世家第五十六〉，葉10下。
〔註125〕《漢書》，卷七十二〈王貢兩龔鮑傳第四十二〉，葉27上。
〔註126〕同註119。
〔註127〕楊樹藩，《兩漢中央政治制度與法儒思想》（臺北：臺灣商務印書館，1982年11月四版），頁99～100。

> 太常……光祿勳……衛尉……右三卿太尉所部。太僕……大鴻
> 臚……廷尉……右三官司徒所部。宗正……大司農……少府……右
> 三卿司空所部。〔註128〕

則九卿由三公分部，大司農隸屬司空，但從前述大司農陞遷的統計中發現，
在後漢由大司農升任太尉者有八人，司徒六人，司空三人，由常理判斷大司
農爲司空所部，由大司農陞任司空當較爲勝任，可是據統計所得，反而居末，
這是一個耐人尋味的問題。對這個問題必須先從太尉諸曹加以觀察。按太尉
諸曹爲：

> 西曹主府史署用。
> 東曹主二千石長吏遷除及軍吏。
> 戶曹主民戶、祠祀、農桑。
> 奏曹主奏議事。
> 辭曹主辭訟事。
> 法曹主郵驛科程事。
> 尉曹主卒徒轉運事。
> 賊曹主盜賊事。
> 決曹主罪法事。
> 兵曹主兵事。
> 金曹主貨幣、鹽、鐵事。
> 倉曹主倉穀事。
> 黃閣主簿錄省眾事。〔註129〕

此爲太尉諸曹，至於司徒、司空府是否有相同的組織，則未見記載，但有以
此爲漢代丞相府之諸曹〔註130〕。據前述，大司農須按時將錢穀收支情形上報
丞相府，而太尉諸曹中之戶曹、尉曹、金曹、倉曹所掌皆與大司農相似，則
後漢大司農亦可能將錢穀收支情形上報至太尉府而非司空府，再加上職務相
近，故由大司農擢升太尉者較多。

二、大司農和九卿的關係

漢代九卿，事實上不止九個〔註131〕。九卿和大司農的關係可就下列二個

〔註128〕孫星衍校集，《漢官》，葉3上～3下、4下。
〔註129〕同註119，葉4下～5上。
〔註130〕勞榦，《漢代政制》，頁9～10。
〔註131〕勞榦，《漢代九卿考》，頁864。

方向來探討。

（一）財政上的關係

就財政而言，除了少府和水衡都尉外，各官署的事務費用及人事費用，均係由大司農支出。但在財政上與大司農關係最密切者，厥推少府與水衡都尉。

按在前漢的二元財政制度下，國家財政和皇室財政分開，即所謂：

> 大司農錢，自乘輿不以給共養，共養勞賜壹出少府，蓋不以本藏給末用，不以民力共浮費，別公私示正路也。〔註132〕

但至武帝時，由於兵革屢興，國家財政匱乏，於是：

> 大農上鹽鐵丞孔僅咸陽言：「山海天地之藏也，皆宜屬少府，陛下不私，以屬大農佐賦。」〔註133〕

桑弘羊亦云：

> 山海之利，廣澤之畜，天地之藏也，皆宜屬少府，陛下不私，以屬大司農，以佐助百姓。〔註134〕

即將原屬少府的鹽鐵收入，改由大司農官營，增加大司農的財政收入，可知大司農與少府間財政在君主的允許下，似可相互支援。

（二）就職務的關係而言

大司農和九卿在職務上，有重疊的現象。《漢書·食貨志》云：

> 水衡、少府、太僕、大農各置農官，往往即縣比沒入田，田之。
> 〔註135〕

則水衡、少府、太僕、大司農各有農官，分掌農事。此外大司農有都水長丞。而少府及太常亦各有都水長丞〔註136〕。大司農有均輸令，水衡亦設有均輸令。〔註137〕

或謂此等職官名稱雖相同，但在職掌地區有不同〔註138〕。是在政制尚未完全成熟之際，職務上的重疊亦在所難免。

〔註132〕《漢書》，卷七十七〈蓋諸葛劉鄭孫毋將何傳第四十七〉，葉16上。
〔註133〕《史記》，卷三十〈平準書第八〉，葉9下。
〔註134〕桓寬著，王利器校注，《鹽鐵論校注》，卷一〈復古第六〉，頁42。
〔註135〕《漢書》，卷三十四〈食貨志第四下〉，葉14下。
〔註136〕前引書，卷十九〈百官公卿表第七上〉，葉4下、8下。
〔註137〕同前註，葉11上。
〔註138〕陳直，《漢書新證》，頁66。

三、大司農和郡國的關係

　　漢代九卿中和郡國關係最密切者爲廷尉和大司農〔註139〕。此乃由於九卿中只有大司農和廷尉是爲國家服務的，而其他多半是爲天子服務〔註140〕。最具體看出大司農和郡國關係的記載，見諸《續漢書・百官志》：

> 大司農，……。本注曰，掌諸錢穀金帛諸貨幣。郡國四時上月旦見錢穀簿，其逋未畢，各見別之。邊郡諸官請調者，皆爲報給，損多益寡，取相給足。〔註141〕

可知郡國每年必須依四時，將每月錢穀簿籍，上計大司農。上計的時間爲每年之三月（正月盡三月）、六月（四月盡六月）、九月（七月盡九月）、十二月（十月盡十二月）月初上現錢穀簿，和郡國每年上計於丞相一次有所區別。此乃大司農主「調均報度」〔註142〕，其「損多益寡，取相給足」者，並非僅限於邊郡諸官請調者，而當是全國的調度皆在大司農所掌。舉凡郡國錢穀金帛貨幣，無論是由郡國轉漕至中央由太倉收受〔註143〕，或由郡轉往旁郡〔註144〕，悉依大司農的命令而行。則大司農對郡國錢穀金帛等物現況的了解，自當較丞相來得殷切，故郡國才須依四時上計大司農。

　　郡國上計大司農，除了提供大司農有關錢穀等詳細資料以供調度外，也有可能提供爲大司農對郡國有關官吏考課之依據。《漢書・敘傳》云：

> （班）回生況，舉孝廉爲郎，積功勞，至上河農都尉，大司農奏課連最，入爲左曹越騎校尉。〔註145〕

農都尉係大司農於郡國的屬官，所以大司農因上河農都尉班況「課連最」，而保舉他入爲左曹越騎校尉。顯然大司農對於在郡國的屬官或相關的官吏，有考課的權力，則考課的依據，當是由郡國上計而來的錢穀簿籍。

　　大司農和郡國的關係，還有一項特別值得注意者，即前述在前漢九卿例由郡太守轉任，而出任大司農者，似乎是就郡太守中治績特優者擢陞。《漢

〔註139〕同註130，頁13。

〔註140〕勞榦，〈漢代政治組織的特質及其功能〉，《勞榦學術論文集甲編》，頁1242。

〔註141〕同註121，葉1下～2上。

〔註142〕王隆，《漢官解詁》，葉3下。

〔註143〕同註121，葉2上，云太倉令「主受傳漕穀。」

〔註144〕《漢書》，卷九〈元紀第九〉，葉3上云：「關東郡國十一大水，飢或人相食，轉旁郡錢穀以相救。」

〔註145〕前引書，卷一〇〇〈敘傳第七十上〉，葉1下。

書‧朱邑傳》云：

　　　　舉賢良爲大司農丞，遷北海太守，以治行第一入爲大司農。〔註146〕

據此，朱邑之由北海太守入爲大司農，乃係以治行特優，而其曾任大司農丞，當非主要的理由。這是因爲大司農和郡國之間關係密切，故須擢選在地方歷練特優者出任。

　　綜上所述，大司農對郡國諸官，有「損多益寡，取相給足」的調度功能和考課的權力。而郡國諸官，每年四時必須向大司農上計，報告錢穀金帛等收支情形，而表現特優者，可因而擢陞。

〔註146〕前引書，卷八十九〈循吏傳第五十九〉，葉9下～10上。

第四章　大司農的收入與支出

　　由第一章及第二章所述，已提到漢代財政最引人矚目的，乃是前漢時財政有國家財政及皇室財政的區分，掌管國家財政的機構爲大司農。至後漢，皇室財政與國家財政合而爲一，仍由大司農執掌。因之，所謂大司農的收入與支出，亦即國家財政的收入與支出，在研究大司農，對其最主要的職掌，實有加以探討的必要。

第一節　預算制度與征納物

　　在討論大司農（國家財政）的收入與支出之前，有兩個問題必須先加以說明，一爲漢代是否已有預算制度；另一爲人民編納賦稅時的征納物，係以貨幣爲主？抑以穀物爲主？還是以布帛折納。

　　預算制度，係近代政治體制下的產物。所謂的預算，係國家歲入歲出的預定計畫，藉謀收支之平衡〔註1〕。漢代的財政制度是否已確立了預算制度呢？就現有的史料觀之，漢代國家財政有量入爲出的做法。《史記‧平準書》云：

> 量吏祿，度官用，以賦於民。〔註2〕

《漢書‧翟方進傳》亦云：

> 百僚官用各有數，君不量多少，一聽群下言，用度不足，奏請一切增賦。〔註3〕

〔註1〕周玉津，《財政學概要》（臺北：五南出版社，1979年10月三版），頁193。
〔註2〕《史記》，卷三十〈平準書第八〉，葉1下。
〔註3〕《漢書》，卷八十四〈翟方進傳第五十四〉，葉10上。

由上所引，可知漢代財政在收支上，有一套明確的制度以遵循，雖有時因人
爲的因素而破壞，但視之爲預算制度並無不可。〔註4〕

至於征納物，在漢代的賦稅中，除了田租外，大多是以征收貨幣爲原則，
間或征以穀物布帛。以穀物當賦在漢昭帝元鳳二年（79）六月，詔云：

> 三輔太常郡，得以叔粟當賦。（師古曰：「諸應出賦算租稅者，皆聽
> 以叔粟當錢物也。」）〔註5〕

又元鳳六年（前75）詔曰：

> 今三輔、太常穀減賤，其令以叔粟當今年賦。〔註6〕

昭帝特准於某年以叔粟當賦，乃係因穀賤，而欲提高穀價的一種權宜措施，
並非常規。然而顏師古的注解卻頗引人懷疑，按在漢世租和賦是有所區別的，
不像後代租賦混淆不清。昭帝的詔書中所說的賦，係指口賦、算賦、更賦等
人頭稅，是狹義的賦。而顏注係以後世的觀念，釋爲「諸應出賦算租稅」，是
廣義的賦，包含了租稅在內，顯然顏師古的說法有問題。

以布帛折納，主要行諸後漢。《後漢書·朱暉傳》云：

> 尚書張林上言，穀所以貴，由錢賤故也。可盡封錢，一取布帛爲租，
> 以通天下之用。〔註7〕

此處之「租」，並不能據以爲係田租，因漢代以租爲名的尚有海租〔註8〕，可
見在漢代租和稅是可相通的，至於以布帛代錢幣納租，乃由於後漢時，錢幣
的發行漸趨浮濫，布帛有反於貨幣的傾向。〔註9〕

至於田租的繳納，是以穀物爲主的，如《漢書·兒寬傳》云：

> （寬爲左內史）收租稅，時裁闊狹，與民相假貸，以故租多不入。
> 後有軍發，左內史以負租課殿，當免。民聞當免，皆恐失之，大家
> 牛車，小家擔負，輸租縲屬不絕，課更以最。〔註10〕

繳納物以牛車或擔負輸送，則當爲穀物。又〈貢禹傳〉云：

〔註4〕關於漢代財政預算的問題，周筠溪〈西漢財政制度之一班〉一文中，討論頗
爲詳盡，可供參考。

〔註5〕《漢書》，卷七〈昭紀第七〉，葉7上。

〔註6〕同前註，葉9上。

〔註7〕《後漢書》，卷四十三〈列傳第三十三·朱暉傳〉，葉4下。

〔註8〕《漢書》，卷二十四〈食貨志上〉，葉17上。

〔註9〕李劍農，《先秦兩漢經濟史稿》（北京：三聯書店，1957年12月一版），頁
193、256。

〔註10〕《漢書》，卷五十八〈公孫弘卜式兒寬傳第二十八〉，葉12上～12下。

> 農夫父子，暴露中野，不避寒暑，捽屮杷土，手足胼胝，已奉穀租，
> 又出稾稅。〔註11〕

又《後漢書・寇恂傳》云：

> 恂移書屬縣，講兵肄射，伐淇園之竹爲矢百餘萬，養馬二千匹，收
> 租四百萬斛，轉以給軍。〔註12〕

可證漢代的田租以納穀爲主，而非納貨幣。類此證據甚多，茲不再列舉。

第二節　大司農的收入

一、田　租

　　田租是國家的基本收入項目之一。漢代以前田租制度，缺略不備。或謂夏商周行什一之制，但仍缺乏實據可考，即使秦之賦稅制度，亦難明確知之，《漢書・食貨志》云：

> 至於始皇，遂併天下，內興功作，外攘夷狄，收泰半之賦，發閭左
> 之戍，男子力耕不足糧饟，女子紡績不足衣服，竭天下之資財以奉
> 其政，猶未足以澹其欲也。〔註13〕

馬非百據此而以秦征什五以上之稅〔註14〕。但董仲舒則云：

> 古者稅民不過什一，其求易共，使民不過三日，其力易足。……至
> 秦則不然，用商鞅之法，改帝王之制，……力役三十倍於古，田租
> 口賦鹽鐵之利二十倍於古，或耕豪民之田，見稅什五。〔註15〕

若依董氏之說，則秦之田租並非什五之制，因其說不夠明確，只能做爲秦代田租較前代繁重的一個佐證。

　　漢興於秦經濟凋敝之後，爲休養生息，於是「約法省禁，輕田租，什五而稅一，量吏祿，度官用，以賦於民。」〔註16〕但是此一政策，似乎未曾全面實行，所以惠帝即位時才又重新規定：

〔註11〕前引書，卷七十二〈王貢兩龔鮑傳第四十二〉，葉 15 下。
〔註12〕《後漢書》，卷十六〈列傳第六・鄧禹寇恂傳〉，葉 26 上。
〔註13〕同註 8，葉 7 下。
〔註14〕馬非百，〈秦漢經濟史資料（七）——租稅制度〉，《食貨半月刊》第三卷第九
　　　　期（1936 年 4 月 1 日），頁 9。
〔註15〕同註 8，葉 14 下～15 上。
〔註16〕同前註，葉 8 上。

減田租，復十五稅一。（鄧展曰：「漢家初十五稅一，儉於周十稅一也，中間廢，今復之也。」）〔註17〕

文帝即位，以儉約爲務，國用充實，故在二年（前178）詔「賜天下民，田租之半。」〔註18〕十二年（前168）詔「賜農今年租稅之半。」〔註19〕田租較前更輕，進而在十三年又下詔：

農天下之本務，莫大焉。今癃身從事而有租稅之賦，是謂本末者無以異也。其以勸農之道未備，其除田之租稅。〔註20〕

至景帝二年（前155），始再令民出田租三十而稅一〔註21〕。免征田租的原因，史無明載，頗令人猜疑，或云賣爵〔註22〕，或謂天下統一，國庫激增〔註23〕。此或爲眾多因素之一，但當非主因。主要原因，當係重農政策推行所致。

自景帝二年確立三十稅一制後，遂成爲定制，雖在武帝朝，財政極端困難之下，亦只尋他途增加國用，而未曾增收田租。其間只在後漢光武帝時稍有改異。《後漢書‧光武帝紀》云：

頃者，師旅未解，用度不足，故行十一之稅，今軍士屯田糧儲差積，其令郡國具收田租三十稅一如舊制。〔註24〕

此爲建武六年（30）詔書，可見行十一之稅的時間很短，後仍行三十稅一之制。

至後漢末年，有田租附加稅的出現，如：桓帝延熹八年（165），「初令郡國有田者，畝斂稅錢。（注：畝十錢也）」〔註25〕靈帝中平二年（185），「稅天下田畝十錢。（注：以修宮室）」〔註26〕《後漢書‧陸康傳》亦載：「靈帝欲鑄銅人，而國用不周，乃詔調民田畝十錢。」〔註27〕由這些記載看來，田租附

〔註17〕前引書，卷二〈惠紀第二〉，葉2上。

〔註18〕前引書，卷四〈文紀第四〉，葉10上。

〔註19〕同前註，葉12下。

〔註20〕同前註，葉13下。

〔註21〕前引書，卷二十四〈食貨志第四上〉，葉13上～13下。

〔註22〕陳登原，《中國田賦史》（臺北：臺灣商務印書館，1966年3月臺一版），頁53。

〔註23〕吳兆莘，《中國租稅史》（臺北：臺灣商務印書館，1965年12月臺一版），頁33。

〔註24〕《後漢書》，卷一〈帝紀第一下‧光武皇帝〉，葉3下。

〔註25〕前引書，卷七〈帝紀第七‧孝桓皇帝〉，葉21下。

〔註26〕前引書，卷八〈帝紀第八‧孝靈皇帝〉，葉17上。

〔註27〕前引書，卷三十一〈列傳第二十一‧陸康傳〉，葉25上。

加稅並非定制，乃桓靈之際，國用不足時的一種特例。

附於田租的還有芻藁稅，或名「稾稅」。此稅在漢以前即已存在，秦二世元年，曾因「當食者多，度不足，下調郡縣轉輸菽粟芻藁。」〔註 28〕兩漢仍行之而未改。《漢官儀》：「田稅稾稅，以給經用凶年。」〔註 29〕《漢書·貢禹傳》：「已奉穀租，又出稾稅。」〔註 30〕後漢光武帝「中元元年（56），復博舉高嬴勿出元年租芻藁。」〔註 31〕順帝永建六年（131）「其令冀部勿收今年田租芻藁。」〔註 32〕可知芻藁稅在漢代是定制，常年徵收，不收是例外，而且僅限某一地區。至於芻藁稅的徵收標準如何？有關記載非常缺略，無從考之。有推論芻藁稅以供官家牲畜之用。〔註 33〕

兩漢田租的征收，行三十稅一外，在特殊因素下，往往又有免租的情形。所以田租的負擔相當輕，但是這樣輕的田租，一般中小農民是否能受其惠？《漢書·王莽傳》云：

> 漢氏減輕田租三十而稅一，常有更賦，罷癃咸出，而豪民侵陵，分田劫假，厥名三十稅一，實什稅五也。父子夫婦終年耕耘，所得不足以自存。〔註 34〕

由此可知，漢代薄賦政策之下，田租的收入，根本無法支應國家財政龐大的支出，因此必須以其他的稅收來彌補，再由社會上有豪民的侵陵。致一般農民並未真正享受到薄賦的實惠。

二、算　賦

算賦是人頭稅的一種。算賦的征收係以「人」為對象，一般人民凡「民年十五以上至五十六出賦錢，人百二十為一算，為治庫兵車馬。」〔註 35〕「女子年十五以上至三十，不嫁，五算。」〔註 36〕商人和奴婢則另行規定：

> 漢律，人出一算，算百二十錢，唯賈人與奴婢倍算。〔註 37〕

〔註 28〕 《史記》，卷六〈秦始皇本紀第六〉，葉 34 上。
〔註 29〕 應劭，《漢官儀》，卷上，葉 10 下。
〔註 30〕 《漢書》，卷七十二〈王貢兩龔鮑傳第四十二〉，葉 15 下。
〔註 31〕 《續漢書》，〈志第七·祭祀上〉，葉 15 下。
〔註 32〕 《後漢書》，卷六〈帝紀第六·順帝紀〉，葉 9 下。
〔註 33〕 周玉津，《中國租稅史》（臺北：大中國圖書公司，1961 年 2 月初版），頁 31。
〔註 34〕 《漢書》，卷九十九〈王莽傳第六十九中〉，葉 9 下～10 上。
〔註 35〕 前引書，卷一〈高紀第一上〉，葉 30 上。顏注引如淳說。
〔註 36〕 前引書，卷二〈惠紀第二〉，葉 4 下。
〔註 37〕 同前註。顏注引應劭說。

對女子、商人及奴婢加重算賦的負擔，有獎勵人口繁殖，崇本抑末及防止奴婢增加的意義。

算賦在漢以前即已存在，鼂錯云：

> 今秦之發卒也，有萬死之害，而無銖兩之報，死事之後，不得一算之復。〔註38〕

董仲舒亦云：

> 至秦，……田租、口賦、鹽鐵之利，三十倍於古。〔註39〕

鼂錯、董仲舒爲前漢人，去秦未遠，所述當可信。但是算賦在秦以前即有或係秦始設，則未明言之。加藤繁就《史記·秦本紀》「孝公十四年，初爲賦。」的記載加以推論，認爲算賦是出於商鞅所創〔註40〕。漢代則在高帝四年（前203）「八月，初爲算賦。」〔註41〕《後漢書·皇后紀》又謂：「漢法，常因八月算人。」〔註42〕由此可知納算賦的時間爲每年的八月。至於爲何定於每年八月納算賦，很可能和漢代每年實行人口調查，再徵人頭稅有關。〔註43〕

算賦以一百二十錢爲一算的標準，歷來學者都認爲係自高帝初算賦時的規定。但加藤繁認爲是在成帝時，才以一百二十錢爲一算〔註44〕。這是較可信的說法。爲對算賦有較明晰的認識，茲將有關算賦的記載列表如後：

表十二：有關算賦的記載表

時　間	內　容	資料來源
高帝四年（前203）	初爲算賦。	《漢書·高帝紀》
惠帝六年（前189）	女子年十五以上至三十不嫁，五算。	《漢書·惠帝紀》
文　帝	民賦四十。	《漢書·賈捐之傳》
武帝建元元年（前140）	詔民年八十復二算。	《漢書·武帝紀》
元封元年（前110）	行所巡至縣無出今年算。	《漢書·武帝紀》

〔註38〕前引書，卷四十九〈爰盎鼂錯傳第十九〉，葉12下。
〔註39〕同註15。
〔註40〕加藤繁，〈關於算賦的小研究〉，《中國經濟史考證》，卷一，頁146～147。
〔註41〕同註35。
〔註42〕《後漢書》，卷十〈皇后紀第十上〉，葉4上。
〔註43〕同註40，頁140。
〔註44〕同前註，頁138。

武　帝	武帝下詔曰：「前有司奏，欲益民賦三十助邊用，是重困老弱孤獨也。」	《漢書‧西域傳》
宣帝地節三年（前67）	流民還歸者，且勿算事。	《漢書‧宣帝紀》
甘露二年（前52）	減民算三十。	《漢書‧宣帝紀》
元帝	貢禹請民年二十乃算。	《漢書‧貢禹傳》
成帝建始二年（前31）	減天下賦錢算四十。	《漢書‧成帝紀》
後漢明帝永平九年（66）	徙朔方者復口算。	《後漢書‧明帝紀》
章帝元和元年（84）	人無田徙他界者除算三年。	《後漢書‧章帝紀》
元和二年（85）	詔曰：「令云『人有產子者復，勿算三歲』。今諸懷妊者，賜胎養穀人三斛，復其夫，勿算一歲，著以爲令。」	《後漢書‧章帝紀》
安帝永初四年（110）	除三年過更、口算。	《後漢書‧安帝紀》
元初元年（114）	詔除三輔更賦、口算。	《後漢書‧安帝紀》
桓帝永壽元年（155）	復泰山、琅琊更、算。	《後漢書‧桓帝紀》

　　由上表可知同是國家財政的主要收入，但算賦與田租比較而言，算賦不像田租一樣是採薄賦政策，凡人民達到法定年齡，不分男女人人必須繳納，在國家財政困難時，甚至有加徵算賦的情形，對人民而言，是一項很重的負擔。

三、更　賦

　　更賦是一種以「人」爲對象的力役之徵。對於更賦較爲詳細的記載，見諸《漢書‧昭帝紀》「三年以前逋更賦未入者，皆勿收」條下，顏師古注引如淳的說法：

> 更有三品。有卒更，有踐更，有過更。古者正卒無常人，皆當迭爲之，一月一更，是爲卒更。貧者欲得顧更錢者，次直者若出錢顧之，月二千，是謂踐更也。天下人皆直戍邊三日，亦名爲更，律所謂繇戍也。雖丞相子亦在戍邊之調，不可人人自行三日戍，又行者當自戍三日，不可往便還，因便住，一歲一更。諸不行者，出錢三百入官，官以給戍者，是爲過更也。律說，卒踐更者，居也。居更縣中，五月乃更也。後從尉律，卒踐更一月，休十一月也。〈食貨志〉曰：月爲更卒，已復爲正一歲，屯戍一歲，力役三十倍於古。此漢

> 初因秦法而行之也。後遂改易。有謫,乃戍邊一歲耳。逋,未出更
> 錢者也。〔註45〕

如淳所說的更有三品,顯然是有待商榷。因人民所必須服役的只有一月的正卒和三日的戍邊。踐更和過更,是一種權宜的措施,凡是不克親自服役者,出錢請人代役,並非人人皆得為之,且踐更仍是服一月正卒,過更仍是三日之戍,故人民真正須服役的更只有二種。至於更賦,或係由踐更及過更之代役錢,逐漸演變而成的一種賦稅。

就現存史料而言,雖有如淳注,但是對更的認識仍是相當模糊,因更賦本身不僅僅是賦稅的問題,還涉及力役之征。這一制度顯然是承襲秦制〔註46〕,但將更賦作為國家的固定收入,大約是在武帝時〔註47〕。自此至後漢存而不廢。

四、官營事業的收入

官營事業的收入,包括鹽鐵酒專賣、均輸平準的收入。自武帝開始實施後,為前漢時代的一項重要財政收入。

鹽鐵酒是民生必須品,市場廣,獲利大。均輸平準主要在抑制物價,使商賈無所貿利。這些政策雖因人為的因素,在執行上產生了某些流弊,但不容諱言,它也是國家財用的一大收入。至於鹽鐵酒專賣及均輸平準實行的情形詳見本文第五章,於此不再贅述。

五、賣爵鬻官的收入

《漢書·惠帝紀》云:

> 元年(前 194)冬十二月,……民有罪,得買爵三十級,以免死
> 罪。〔註48〕

此為漢代有關賣爵的最早記載,對於此一制度較詳細的說明見於《漢書·食貨志》:

> 今募天下入粟縣官,得以拜爵除罪。……於是文帝從錯之言。令民
> 入粟邊,爵上造,稍增至四千石為五大夫,萬二千石為大庶長,各

〔註45〕《漢書》,卷七〈昭紀第七〉,葉8上。
〔註46〕前引書,卷二十四〈食貨志第四上〉,葉15上。
〔註47〕崔曙庭,〈漢代更賦析辨〉,《中國歷史文獻集刊》第二集,頁126。
〔註48〕《漢書》,卷二〈惠紀第二〉,葉3上。

以多少級數爲差。〔註49〕

賣爵制度至武帝時最盛，乃係戰費支出龐大，欲藉此充實國用〔註50〕，及攏絡軍人〔註51〕。攏絡軍人的賞官制度爲武功爵：

> 武功爵，級十七萬，凡直三十餘萬金。諸買武功爵官首者，試補吏。
> 先除千夫，如五大夫，其有罪又減二等；爵得至樂卿，以顯軍功。
> 軍功多用超等，大者封侯、卿、大夫，小者郎吏。〔註52〕

上言級十七萬，則武功爵究分爲幾級？臣瓚云：

> 〈茂陵中書〉，有武功爵。一級曰造士，二級曰閑輿衛，三級曰良士，
> 四級曰元戎士，五級曰官首，六級曰秉鐸，七級曰千夫，八級曰樂
> 卿，九級曰執戎，十級曰政戾庶長，十一級曰軍衛。此武帝所制，
> 以寵軍功。〔註53〕

則武功爵共有十一級。

後漢未見賣爵，祇有鬻官〔註54〕。鬻官之制，在前漢即已行之。《漢書·食貨志》云：

> 干戈日滋，……財賂衰耗而不澹。入物者補官，出貨者除罪，選舉
> 陵夷，廉恥相冒，……興利之臣自此始也。……府庫並虛，乃募民
> 能入奴婢得以終身復爲郎增秩，及入羊爲郎，始於此。〔註55〕

據此則鬻官亦係武帝時因財政困窘而實施的一種政策。兩漢賣爵鬻官的記載甚多，爲明晰起見，不一一列舉，特表之於後：

表十三：兩漢賣爵鬻官表

時　　間	內　　　　　　　容	資 料 來 源
惠帝元年 （前 194）	民有罪，得買爵三十級以免死罪。	《漢書·惠帝紀》
文　帝	鼂錯說上曰：「今募天下入粟縣官，得以拜爵，得以除罪。入粟受爵至五大夫以上，乃復一人耳。」于是文帝	《漢書·食貨志》

〔註49〕 前引書，卷三十四〈食貨志第四上〉，葉 12 上～13 上。
〔註50〕 前引書，卷三十四〈食貨志第四下〉，葉 7 上。
〔註51〕 前引書，卷六〈武紀第六〉，葉 10 下～11 上。
〔註52〕 同註 50。
〔註53〕 同前註。
〔註54〕 《後漢書》，卷五〈帝紀第五·孝安皇帝〉，葉 8 下～9 上。
〔註55〕 同註 50，葉 6 上～6 下。

	從錯之言，令民入粟邊六百石爵上造，稍增至四千石爲五大夫，萬二千石爲大庶長，各以多少級數有差。	
文 帝	又言：「募民徙塞事，募不足，募輸奴婢欲以拜爵者。」上從其言。	《漢書・鼂錯傳》
景 帝	上郡以西旱，復修賣爵令，而裁其賈以招民。	《漢書・食貨志》
武帝即位（前141）	干戈日滋，財賂衰耗而不贍。入物者補官，選舉陵遲，廉恥相冒。興利之臣，自此始也。其後，府庫益虛，乃募民能入奴婢得以終身復爲郎增秩，及入羊爲郎，始於此。	《史記・平準書》
武帝元朔五年（前124）	置賞官，命曰武功爵。大者封侯卿大夫，小者郎吏。吏道雜而多端，則官職耗廢。	《史記・平準書》
元狩四年（前119）	除故鹽鐵官家富者爲吏，吏道益雜，不選，而多賈人矣。	《史記・平準書》
元鼎二年（前115）	始令吏得入穀補官，郎至六百石。	《史記・平準書》
元鼎三年（前114）	所忠言：「世家子弟、富人或鬭雞走狗馬，弋獵博戲，亂齊民。」乃召諸犯令，相引數千人，命曰：「株送徒」。入財者得補郎，郎選衰矣。弘羊又請令吏得入粟補官。	《史記・平準書》
元朔六年（前123）	詔曰：「日者大將軍巡朔方，征匈奴，斬首虜萬八千級，諸禁錮及有過者，咸蒙厚賞，得免減罪。今大將軍仍復克獲，斬首虜萬九千級，受爵賞而欲移賣者，無所流貤。其議爲令。有司奏請置武功賞官。以寵戰士。」	《漢書・武帝紀》
武帝時	兵革數動，民多買復及五大夫、千夫，調發之士益鮮，于是除五大夫、千夫爲吏。	《漢書・武帝紀》
	黃霸以待詔入錢賞官，補侍郎謁者，坐罪免。後復入穀沈黎郡，補左馮翊二百石卒吏。馮翊以霸入財爲官，不署右職。	《漢書・黃霸傳》
成帝鴻嘉三年（前18）	令吏民得買爵，賈級千錢。	《漢書・成帝紀》
永始二年（前15）	詔曰：「關東比歲不登，吏民以義收食貧民、入穀物助縣官振贍者，已賜直，其百萬以上，加賜爵右更，欲爲吏補三百石，其吏也遷二等。三十萬以上，賜爵五大夫，吏亦遷二等，民補郎。」	《漢書・成帝紀》
安帝永初三年（109）	三公以國用不足，奏令吏人入錢穀，得爲關內侯、虎賁、羽林郎、五大夫、官府吏、緹騎、營士各有差。	《後漢書・安帝紀》

桓帝延熹四年（161）	占賣關內侯、虎賁、羽林、緹騎、營士、五大夫錢各有差。	《後漢書‧桓帝紀》
靈帝光和元年（178）	初開西邸賣官，自關內侯、虎賁、羽林入錢各有差。又私令左右賣公卿，公千萬，卿五百萬。	《後漢書‧靈帝紀》
中平四年（187）	賣關內侯，假金印紫綬，傳世，入錢五百萬。	《後漢書‧靈帝紀》
中平六年（189）	時拜三公者，皆輸東園禮錢千萬，中使督之，名爲「左騶」。	《後漢書‧羊續傳》
靈帝時	開鴻都門榜賣官爵，公卿州郡下至黃綬各有差。	《後漢書‧崔烈傳》
	劉陶爲京兆尹，到職，當出修宮錢直千萬，陶既清貧，而恥以錢買職，稱疾不聽政。	《後漢書‧劉陶傳》

六、贖罪的收入

贖罪之制，在秦即已實行，根據出土的秦簡所載，可分爲貲贖及役贖兩類〔註56〕。漢承秦制，亦行贖罪之制，《漢書‧惠帝紀》云：

> 元年冬十二月，……民有罪得買爵三十級以免死罪。（應劭曰：「一級直錢二千，凡爲六萬，若今贖罪入三十匹縑矣。」師古曰：「令出買爵之錢以贖罪。」）〔註57〕

此記載前已用之證賣爵之實行，但其確切的意義，當係如師古之言，出錢以贖罪。

在前漢時，贖罪似未成爲一種定制，故在文帝、景帝、武帝時，皆有因故而請得以錢或入粟贖罪之舉〔註58〕。又在新居延漢簡中，有「大司農罪人入錢贖品」散簡六枚（EPT56），論者以此乃係武帝元封六年，桑弘羊任大司農以後制定的贖罪令〔註59〕。由於該六簡之釋文及詳細內容，均未曾寓目，在此不敢妄論，但贖罪收入由大司農所掌，當無疑義。後漢在光武帝建武二十九年（53）開始行贖罪〔註60〕至漢末而未廢除。茲將有關兩漢贖罪的記載臚列如下：

〔註56〕黃眞眞，〈秦代贖刑略考〉，《簡牘學報》第十期（1981年7月），頁113。
〔註57〕同註48。
〔註58〕見表十四。
〔註59〕佚名，〈居延漢代遺址的發掘和新出土的資料〉，《文史集林》第一輯，頁107。
〔註60〕《後漢書》，卷一〈帝紀第一下‧光武皇帝〉，葉27下。

表十四：兩漢贖罪表

時　　間	內　　容	資 料 來 源
惠帝元年（前 194）	民有罪，得買爵三十級以免死罪。	《漢書・惠帝紀》
文　帝	鼂錯說文帝曰：「欲民務農，在于貴粟；貴粟之道，在于以粟爲賞罰。今募天下入粟縣官，得以拜爵除罪。不過三歲，塞下之粟必多。」	《漢書・食貨志》
景帝時	上郡以西旱，復脩賣爵令，而裁其賈以招民；及徒復作，得輸粟于縣官以除罪。	《漢書・食貨志》
武帝天漢四年（前 97）	令死罪入贖錢五十萬減死一等。	《漢書・武帝紀》
太始二年（前 95）	募死罪人贖錢五十萬減死一等。	《漢書・武帝紀》
光武帝建武二十九年（53）	詔令天下繫囚自殊死已下及徒各減本罪一等，其餘贖罪輸作有差。	《後漢書・光武帝紀》
明帝即位（57）	詔：「天下亡命殊死以下，聽得贖罪；死罪入縑二十匹，右趾至髡鉗城旦舂十匹，完城旦舂至司寇作三匹。其未發覺，詔書到先自告者，半入贖。」	《後漢書・明帝紀》
明帝永平八年（65）	詔三公募郡國中都官死罪繫囚，減罪一等，勿笞，屯朔方、五原之邊縣。其大逆無道殊死者，一切募下蠶室，亡命者令贖罪各有差。	《後漢書・明帝紀》
永平十五年（72）	詔：「亡命自殊死以下贖：死罪縑四十匹，右趾至髡鉗城旦舂十匹，完城旦至司寇五匹。犯罪未發覺，詔書到日自告者，半入贖。」	《後漢書・明帝紀》
永平十八年（75）	詔曰：「其令天下亡命，自殊死以下贖：死罪縑三十匹，右趾至髡鉗城旦舂十匹，完城旦至司寇五匹。吏人罪未發覺，詔書到自告者，半入贖。」	《後漢書・明帝紀》
章帝建初七年（82）	詔：「天下繫囚減死一等，勿笞，詣邊戍；妻子自隨，占著所在。犯殊死，一切募下蠶室，其女子宮。繫囚鬼薪、白粲已上，皆減本罪各一等，輸司寇作。亡命贖：死罪入縑二十匹，右趾至髡鉗城旦舂十匹，完城旦至司寇三匹。吏人有罪未發覺，詔書到自告者，半入贖。」	《後漢書・章帝紀》
章帝元和元年（85）	詔：「郡國中都官繫囚減死一等，勿笞，詣邊縣；妻子自隨，占著所在。其犯殊死，一切募下蠶室，其子宮。繫囚鬼薪、白粲以上，皆減本罪一等，輸司寇作。亡命者贖，各有差。」	《後漢書・章帝紀》
章和元年（87）	詔郡國中都官繫囚減死罪一等，詣金城；犯殊死者，一切募下蠶室；其女子宮；繫囚鬼薪、白粲已上，減罪一等，輸司寇作。亡命者贖：死罪縑二十匹，右趾至髡鉗城旦舂七匹，完城旦至司寇	《後漢書・章帝紀》

	三匹。吏民犯罪未發覺，詔書到自告者，半入贖。	
和帝永元三年（91）	帝加元服，令郡國中都官繫囚死罪贖縑，至司寇及亡命，各有差。	《後漢書・和帝紀》
永元八年（96）	詔郡國中都官繫囚減死一等，詣敦煌戍。其犯大逆，募下蠶室；其女子宮。自死罪以下，至司寇及亡命者入贖，各有差。	《後漢書・和帝紀》
安帝永初元年（107）	詔死罪以下及亡命贖，各有差。	《後漢書・安帝紀》
元初二年（115）	詔中都官繫囚減死一等，勿笞，詣馮翊、扶風屯；妻子自隨，占著所在；女子勿輸。亡命死罪以下贖，各有差。其吏人聚爲盜賊，有悔過者，除其罪。	《後漢書・安帝紀》
延光三年（124）	詔郡國中都官死罪繫囚減罪一等，詣敦煌、隴西及度遼營；其右趾以下及亡命者贖者，各有差。	《後漢書・安帝紀》
順帝永建元年（126）	詔減死罪以下徙邊；其亡命贖，各有差。	《後漢書・順帝紀》
永和五年（140）	令死罪以下及亡命贖，各有差。	《後漢書・順帝紀》
漢安二年（143）	令郡國中都官繫囚殊死以下出縑贖，各有差；其不能入贖者，遣詣臨羌縣居作二歲。	《後漢書・順帝紀》
桓帝建和三年（149）	詔死罪以下及亡命者贖，各有差。	《後漢書・桓帝紀》
靈帝建寧元年（168）	令天下繫囚未決，入縑贖，各有差。	《後漢書・靈帝紀》
建寧三年（170）	令天下繫囚罪未決，入縑贖。	《後漢書・靈帝紀》
熹平六年（177）	令天下繫囚罪未決，入縑贖。	《後漢書・靈帝紀》
光和三年（180）	令繫囚罪未決，入縑續，各有差。	《後漢書・靈帝紀》
中平四年（187）	令天下繫囚未決，入縑贖。	《後漢書・靈帝紀》

由上表，可知用以贖罪之物，在前漢以粟或錢爲主，在後漢則爲縑。

七、雜稅的收入

雜稅包括緡錢、訾錢、算牲畜及車船等。現一一略述如後：

（一）算訾及算緡

漢景帝後二年（前 142）五月詔云：

　今訾算十以上，迺得官。（服虔曰：「訾萬錢，算百二十七也。」）
〔註 61〕

〔註 61〕《漢書》，卷五〈景帝紀第五〉，葉 9 上。

由此可知算訾的徵收，在景帝之前即已存在。由於顏師古注引服虔的說法，每萬錢，算百二十七，論者遂以此為景帝時之稅額〔註 62〕。服虔為後漢獻帝時人〔註 63〕，他的說法若非景帝時的制度，則為當時之制。因此，在沒有更確切的反證之前，服虔的說法是不能加以否定的。

《漢書·武帝紀》，元狩四年（前 119）云：

> 初算緡錢。（李斐曰：「緡，絲也。以貫錢也，一貫千錢，出算二十也。」）〔註 64〕

則算緡係武帝時所新設。但〈食貨志〉云：

> 於是公卿言，郡國頗被災害，貧民無產業者，募從廣饒之地，陛下損膳省用，出禁錢以振元元，寬貸而民不出南畝，商賈滋眾，貧者畜積無有，皆仰給縣官。異時算軺車賈人之緡，皆錢有差小，請算如故。諸賈人末作貰貸，賣買居邑，貯積諸物，及商以取利者，雖無市籍，各以其物自占，率緡錢二千而算一，諸作有租及鑄，率緡錢四千算一，非吏比者，三老北邊騎士軺車一算，商賈人軺車二算，船五丈以上一算。匿不自占，占不悉，戍邊一歲，沒入緡錢，有能告者，以其半畀之。……是時豪富皆爭匿財，於是告緡錢縱矣。……楊可告緡遍天下，中家以上大氐皆遇告。……而縣官以鹽鐵緡錢之故，用少饒矣。〔註 65〕

就上引中「異時算軺車、賈人之緡，皆錢有差小，請算如故」而言，緡錢的徵收，應在武帝之前即存在，只不過並非定制。因之，〈武帝紀〉所云：「初算緡錢」，應是武帝時，始將算賦當作經常性稅收。

又由前引知，算緡的徵收稅率，商人每二千錢出一算，從事手工業者四千錢出一算。但當時的商人並不樂意繳納，故有告緡之事發生，雖導致有些商賈破產，卻使國家財政收入增多。

算訾及算緡皆係對錢財徵稅，二者之間的關係如何呢？《鹽鐵論》中有云：

〔註 62〕加藤繁，〈漢代國家財政和帝室財政的區別以及帝室財政的一斑〉，頁 124。周玉津，《中國租稅史》，頁 125。馬持盈，《中國經濟史》（臺北：臺灣商務印書館印行，1981 年 7 月臺修訂一版），第二冊，頁 375。

〔註 63〕《後漢書》，卷七十九〈列傳第六十九儒林下·服虔傳〉。

〔註 64〕《漢書》，卷六〈武紀第六〉，葉 13 下。

〔註 65〕前引書，卷二十四〈食貨志第四下〉，葉 11 上～14 上。

往者軍陣起，用度不足，以訾徵賦，當取給見民，田家又被其勞，

故不齊出於南畝也。〔註66〕

論者遂據此以武帝時仍以訾征賦〔註67〕，然在《漢書》中，卻無武帝征訾算
的記載，就《鹽鐵論》中該句的意思而言，其「訾」字非指徵訾稅，而當作
錢財解。又由前引〈食貨志〉之記載推論，算訾與算緡可能是同稅而異名，
而在武帝之後成為國家的一種經常性的收入。

（二）算車船

根據前引〈食貨志〉之記載，算車船的標準為非商人軺車一算；商人軺
車二算、船長五丈以上收一算。是商人較一般人民所納者為重。

開始算車船的時間，《漢書·武帝紀》云：

（元光）六年（前129）冬，初算商車。（李奇曰：「始稅商賈車船，

令出算。」）〔註68〕

據此，可知在武帝元光六年，僅算商車，並未及船。而加藤繁據李奇的說法，
云算車船為元光六年所定之制。〔註69〕

（三）算馬牛羊

《漢書·西域傳》云：

算至舟車，租及六畜。〔註70〕

可知除算車船外，尚算及牲畜。陳直以為此六畜係概括言之，車船六畜之算
租皆包括在緡算之中，六畜在緡算中，只算牛馬。〔註71〕

陳直以六畜係概括言之的見解是正確的，但車船六畜之算租皆包括在緡
算之中，六畜在緡算中只算牛馬的看法，則不無可議之處。按緡錢係以錢為
征收的對象，車船六畜則以物為主，二者顯然不同。至於六畜中是否只算牛
馬？《漢書·翟方進傳》云：

用度不足，奏請一切增賦，稅城郭堧及園田過更，算馬牛羊。（張晏

曰：「……又牛馬羊頭數出稅，算千輸二十也。」）〔註72〕

〔註66〕桓寬著，王利器校注，《鹽鐵論校注》，卷三〈未通第十五〉，頁107。

〔註67〕馬持盈，前引書，頁375。周玉津，《中國租稅史》，頁215。

〔註68〕同註6，葉6上。

〔註69〕加藤繁，〈漢代國家財政與帝室財政的區別以及帝室財政的一斑〉，頁124。

〔註70〕《漢書》，卷九十六〈西域傳第六十六下〉，葉24下。

〔註71〕陳直，《漢書新證》，頁194。

〔註72〕《漢書》，卷八十四〈翟方進傳第五十四〉，葉10上～10下。

可見算六畜，係以馬牛羊爲主。

第三節　大司農的支出

一、官　俸

官俸係大司農支出的大宗。但加藤繁認爲，大司農所支出的官俸，是除了少府、水衡都尉兩官署之外的中央各官廳的長官屬官的俸祿〔註 73〕。這一說法顯然值得商榷，按大司農是國家財政的最高機構，地方各郡國必須按四時將各地的財政收支呈報大司農，或將錢穀解送中央〔註 74〕。因之地方長吏的俸祿，或有可能不是由大司農直接撥下，而就各郡國尚未解送之錢穀中支出，但這些仍屬大司農所掌，故應視爲大司農所支付。同時，少府、水衡都尉所掌主要是供給皇室供養之用，而此二官署諸官的俸祿，是否也由皇室供養費中撥出，也不無疑問。

關於漢代的官俸制度，由於史料難徵，目前雖有勞榦〔註 75〕及褚道菴〔註 76〕等做過研究，還是無法得到較詳細的認識。目前只知前漢和後漢是兩個不同的計俸系統。即使是《漢書》顏注仍有許多以後漢制來說明前漢制〔註 77〕。因之於此只能概略的加以敘述。

漢代的官俸是很微薄的，即使是上級官吏，每歲的收入，雖然稱萬石，折合當時的市價，亦只能維持起碼的生活，而下級官吏俸祿更薄，生活更加清苦，造成薄吏祿的原因，軍事費用支出龐大爲最重要的原因之一〔註 78〕。由於官吏俸祿微薄，故前漢屢有增俸的詔令，如惠帝即位，詔云：

> 吏所以治民也，能盡其力，則民賴之，故重其祿，所以爲民。〔註 79〕

宣帝神爵三年（前 59）下詔增俸云：

> 吏不廉平，則治道衰，今小吏皆勤事而奉祿薄，欲其毋侵漁百姓難

〔註 73〕同註 69，頁 125。
〔註 74〕見本文第二章第三節〈財政組織及倉漕組織〉。
〔註 75〕勞榦，〈關於漢代官俸的幾個推測〉，《勞榦學術論文集甲編》，頁 1037～1048。
〔註 76〕褚道菴，〈兩漢官俸蠡測〉，《食貨半月刊》第一卷第十二期（1935 年 5 月），頁 22～25。
〔註 77〕同註 75。
〔註 78〕《後漢書》，卷四十九〈列傳第三十九·仲長統傳〉，葉 31 下。
〔註 79〕《漢書》，卷二〈惠紀第二〉，葉 2 下。

矣。其益吏百石以下，奉十五。〔註80〕

綏和二年（前7）三月，哀帝即位後，在六月即下詔：「益吏三百石以下奉」。
〔註81〕

　　後漢初，光武帝於戰亂後，重新制定人事行政措施，首先「省減員吏。」
〔註82〕同時也調整百官俸祿：

　　建武二十六年（50）正月，詔有司增百官俸，其千石以上，減於西
　　京舊制，六百石已下，增於舊制。〔註83〕

後漢末年，由於政治荒亂，財政再現疲態，在桓、順二帝時，有減百官公卿
俸祿之舉。〔註84〕

　　對於官俸制度，尚有一問題必須了解，即兩漢各級官吏的俸祿究竟是多
少。前漢的計俸制度並無完全的記載，僅散見於各紀傳，《居延漢簡》雖也提
供了少數的資料，但大多數是下級官吏的俸給，對整個前漢的計俸制度的了
解也不多。後漢由於《後漢書‧光武帝紀》注及《續漢書‧百官志》劉昭注，
對計俸制度有了較明晰的認識，爲清楚起見，現僅表列於後：

表十五：兩漢官俸表

等　級	官　名	俸　　　給							
		錢				穀（斛）			
		前　漢	後　漢			前　漢	後　漢		
			光武帝紀　注	百官志	延　平		光武帝紀　注	百官志	延　平
萬　　　石	丞相(司徒)	60,000					350	350	
萬　　　石	大司馬	60,000					350	350	
萬　　　石	御史大夫（大司空）	40,000					350	350	
	大將軍	60,000					350	350	

〔註80〕前引書，卷八〈宣紀第八〉，葉17下。
〔註81〕前引書，卷十一〈哀紀第十一〉，葉1下。
〔註82〕《後漢書》，卷一〈帝紀第一下‧光武皇帝〉，葉2下。
〔註83〕同前註，葉25上。
〔註84〕前引書，卷六〈帝紀第六‧孝順皇帝〉，葉21下；卷七〈帝紀第七‧孝桓皇帝〉，葉17下。

中二千石				9,000		180	180	72
眞二千石	光祿大夫	12,000		6,500		120	120	36
比二千石	司隸校尉	（？）		5,000		100	100	
一　千　石				4,000		90	80	
比一千石						80		
八　百　石	諫大夫	9,200						
比八百石								
六　百　石				3,500		70	70	21
比六百石						55	50	
四　百　石	長　吏	2,000		2,500	20	50	45	15
比四百石	長　吏	2,000			20	45	40	
三　百　石	長　吏	2,000		2,000	20	40	40	12
比三百石	長　吏	2,000			20	37	37	
二　百　石	長　吏	2,000		1,000	20	30	30	9
比二百石	長　吏	2,000			20	27	27	
百　　　石		600		800		16	16	4.8
斗　　食		30				11	11	
	佐　史							
	待詔公車	240			一囊			
	候　官	3,000						
	尉	2,000						
三　百　石	塞　尉	2,000						
	候　長	1,300						
	士　史	1,200						
	嗇　夫	720						
	候　史	900						
	候　史	900						
	候　史	670						
	候　史	600						

	司馬令史	480							
	史	400							
	書　佐	360							
	屬令史	496							
	佐令史	900							
	隊　長	1,100							
	隊　長	900							
	隊　長	600							
	隊　長	600							

說明：1. 本表據褚道菴〈兩漢官俸蠡測〉一文中之「兩漢官吏奉給表」增補而成。
　　　2. 資料來源：(1) 褚道菴〈兩漢官吏奉給表〉。
　　　　　　　　　 (2) 勞榦〈關於漢代官俸的幾個推測〉所引簡牘記載官俸。
　　　　　　　　　 (3)《後漢書‧光武帝紀》李賢注引〈百官志〉官奉。
　　　　　　　　　 (4)《續漢書‧百官志》百官奉條。
　　　　　　　　　 (5)《續漢書‧百官志》官奉條，劉昭注延平中官奉。

　　從上表中，可知兩漢官俸，實際發放，並非完全以穀爲主，此乃所謂：「凡
諸受俸，皆半錢半穀。」〔註 85〕此制度一般論者皆認爲通行於兩漢〔註 86〕，
但勞貞一參酌《居延漢簡》所載，認爲前漢月俸在昭、宣以後係以錢爲主，
另外由太官供給廩食，半錢半穀是東漢之制〔註 87〕。由表列可知勞說是可成
立的。至於新居延漢簡之建武三年「居延都尉吏奉穀秩別令」冊所載，以全
穀付奉，係由於當時貨幣制崩潰，物價飛騰〔註 88〕，故只能認爲是一種權宜
措施。

二、軍　費

　　《漢書‧食貨志》云：

　　　及王恢謀馬邑，匈奴絕和親，侵擾北邊，兵連而不解，天下共其勞，
　　　干戈日滋，行者齎，居者送，中外騷擾相奉，百姓抏敝以巧法，財

〔註 85〕《續漢書志》，卷二十八〈百官五〉，葉 17 上。
〔註 86〕同註 76。
〔註 87〕同註 75。
〔註 88〕初師賓、任步雲，〈建武三年居延都尉吏奉例略考〉，《敦煌學輯刊》第三期，
　　　　頁 100。

賂衰耗而不澹。〔註89〕

這裡雖沒有指出一個確切的數字，但是由「財賂衰耗而不澹」一語，已可見軍費支出之鉅。在前漢以武帝時最為龐大，後漢則以安順兩朝為最。軍費的支出，包括對外戰爭的開支、車馬武器等輜重的製作與補給及軍隊的供養費用。軍隊供養費的支出，加藤繁認為僅有京師南北軍的供養用費〔註90〕。事實上並不然，《漢書·趙充國傳》云：

今大司農所轉穀至者，足支萬人一歲食。〔註91〕

可證屯田戍卒的供養費，也是由大司農供應。現將有關軍費支出的記載列一表，以明支出之巨。

表十六：兩漢軍費支出表

時　間	內　　容	資料來源
武帝建元三年～建元六年（前138～135）	武帝……即位數年，嚴助朱買臣等，招徠東甌，事兩粵，江淮之間蕭然煩費矣。	《漢書·食貨志》
元光二年（前133）	及王恢謀馬邑，匈奴絕和親，侵擾北邊，兵連而不解，天下共其勞，干戈日滋。行者齎，居者送，中外騷擾相奉……財賂衰耗而不澹。	《漢書·食貨志》
元朔五年（前124）	衛青比歲十餘萬眾擊胡。斬捕首虜之士受賜黃金二十餘萬斤。而漢軍士馬死者十餘萬，兵甲轉漕之費不與焉。	《漢書·食貨志》
元狩三年（前120）	天子為伐胡，故盛養馬。馬之往來食長安者數萬匹，卒掌者，關中不足，迺調旁近郡。而胡降者數萬人，皆得厚賞。衣食仰給縣官，縣官不給，天子乃損膳，解乘輿駟，出御府禁藏以贍之。	《漢書·食貨志》
元狩四年（前119）	大將軍（衛青）票騎（霍去病）大出擊胡，賞賜五十萬金，軍馬死者十餘萬匹，轉漕之費不與焉。是時財匱，戰士頗不得祿矣。	《漢書·食貨志》
元鼎五年（前112）	南粵反，西羌侵邊，天子為山東不澹，赦天下囚，因南方樓船士二十餘萬人擊粵，發三河以西騎擊羌，又數萬人度河西，築令居初置張掖酒泉郡，而上郡朔方西河河西開田官，斥塞卒六十萬人戍田之，中國繕道餽糧，遠者三千，近者千餘里，皆仰給大農。	《漢書·食貨志》

〔註89〕《漢書》，卷二十四〈食貨志第四下〉，葉5下～6上。
〔註90〕同註69。
〔註91〕《漢書》，卷六十九〈趙充國辛慶忌傳第三十九〉，葉12上。

元鼎六年（前111）	漢連出兵三歲，誅羌，滅兩粵，番禺以西至蜀南者，置初郡十七。且以其故俗治，無賦稅，南陽漢中以往，各以地比給初郡吏卒，奉食幣物傳車馬被具。而初郡又時時小反，殺吏，漢發南方卒往誅之，閒歲萬餘人，費皆仰大農。大農以均輸調鹽鐵助賦，故能贍之。	《漢書·食貨志》
	夫匈奴當路塞，絕和親，中國舉兵誅之，死傷不可勝計，而費以鉅百萬。	《漢書·汲黯傳》
太初元年～太初四年（前104～101）	李廣利捐五萬之師，糜億萬之費，經四年之勞，而僅獲駿馬三十匹。	《漢書·陳湯傳》
宣　帝	臣所將吏士馬牛食，月用穀十九萬九千六百三十斛，鹽千六百九十三斛，茭藁二十五萬二百八十六石，難久不解，徭役不息。	《漢書·趙充國傳》
	武庫兵器，天下公用，國家武備，繕治造作，皆度大司農錢。	《漢書·毋將隆傳》
章帝章和二年（88）	今眾羌大動，經常屯兵，不下二萬，轉運之費，空竭帑府。	《後漢書·鄧訓傳》
安帝永初四年（110）	羌寇轉盛，兵費日廣，且連年不登，穀石萬餘。參奏記於鄧騭曰：「比年羌寇特困隴右，供徭賦役為損日滋，官負人責數十億萬。……」	《後漢書·龐參傳》
元初元年（114）	校書郎中馬融上書請之曰：「伏見西戎反畔，寇鈔五州，陛下愍百姓之傷痍，哀黎元之失業，單竭府庫以奉軍師。……」	《後漢書·龐參傳》
	三州屯兵。二十餘萬人，棄農桑，疲苦徭役，而未有功效，勞費日滋。	《後漢書·西羌傳》
元初四年（117）	自羌叛十餘年，兵連師老，轉運委輸，用二百四十餘億，府帑空虛，延及內郡。	《後漢書·西羌傳》
永寧元年（120）	自永初已後，戎狄叛亂，國用不足。	《後漢書·濟北惠王傳》
延光二年（123）	羌虜鈔掠，三邊震擾，戰鬥之役至今未息，兵甲軍糧不能復給，大司農帑藏匱乏，殆非社稷安寧之時。	《後漢書·楊震傳》
順帝永和六年（141）	西羌大寇三輔，圍安定，征西將軍馬賢將諸郡兵擊之，不能克。（皇甫規）曰：「……臣每惟賢等擁眾四年，未有成功，懸師之費且百億計，出於平人，回入姦吏。故江湖之人，郡為盜賊，青、徐荒飢，襁負流散。……」	《後漢書·皇甫規傳》
建康元年（144）	自永和羌叛，至是歲，十餘年間，費用八十億。	《後漢書·西羌傳》

桓帝永康元年（167）	頴因上言曰：「……今若以騎五千，步萬人，車三千兩，三多二夏，足以破定，無慮用費爲錢五十四億。……伏計永初中，諸羌反叛，十有四年，用二百四十億，永和之末，復經七年，用八十億，耗費若此，猶不誅盡，餘孽復起，于茲作害。……」	《後漢書‧段頴傳》
靈帝建寧二年（169）	於是東羌悉平，凡百八十戰，……費用四十四億。	《後漢書‧段頴傳》
	今數州屯兵十餘萬人，皆廩食縣官，歲數百萬斛。	《潛夫論》

三、工程營建費用

工程營建的範圍很廣，包括修道路、築城塞、水利工程、陵邑、宮館、園池等，其用人常至數萬人，耗費有達千餘萬者，可見工程營建費用，亦是漢代財政支出的大宗。但是當時的營建工程，大多征用人民服役。所費的錢，大約是供給工人糧食和賞賜，故此支出是力役爲主，而非貨幣。〔註92〕

表十七：營建工程支出表

時　　間	內　　　　　容	資 料 來 源
惠帝三年（前192）	發長安六百里內，男女十四萬六千人，城長安，三十日罷。	《漢書‧惠帝紀》
武帝元光三年（前132）	先是十餘歲，河決灌梁，禁地固已數困，而緣河之郡，隄塞河輒壞決。費不可勝計。	《漢書‧食貨志》
元光五年（前130）	時又通西南夷道，作者數萬人。千里負擔餽饟，率十餘鍾致一石，散幣於邛僰以輯之，數歲而道不通，蠻夷因以數攻吏，吏發兵誅之。悉巴蜀租賦不足以更，迺募豪民田南夷，入粟縣官，而內受錢於內。	《漢書‧食貨志》
元光六年（前129）	其後番係欲省底柱之漕，穿汾河渠，以爲溉田，鄭當時爲渭漕回遠，鑿漕直渠，自長安至華陰，而朔方亦穿溉渠，作者各數萬人。歷二三期，而功未就，費亦各以鉅萬十數。	《漢書‧食貨志》
元朔元年（前128）	東置滄海郡，人徒之費，擬於南夷。	《漢書‧食貨志》
元朔二年（前127）	又興十餘萬人築衛朔方，轉漕甚遠，自山東咸被其勞。費數十百鉅萬，府庫並虛。	《漢書‧食貨志》
元狩三年（前120）	是時，粵欲與漢用船戰逐，迺大修昆明池，列館環之。治樓船，高十餘丈，旗幟加其上，甚壯。於是天子感之，迺作柏梁臺，高數十丈，宮室之修，繇此日麗。	《漢書‧食貨志》

〔註92〕周筠溪，〈西漢財政制度之一班〉，頁 10。

元鼎五年 （前112）	又數萬人度河，築令居，初置張掖酒泉郡，……中國繕道餽糧，遠者三千，近者千餘，皆仰給大農。	《漢書・食貨志》
成帝永始元年（前16）	詔曰：「朕……過聽將作大匠萬年言，昌陵三年可成，作治五年，中陵、司馬殿門內尚未加功，天下虛耗，百姓罷勞，客土疏惡，終不可成，朕惟其難，悁然傷心。……其罷昌陵，及故陵勿徙吏民，今天下毋有動搖之心。」	《漢書・成帝紀》
順　帝	興起津城門內第舍，合兩爲一，連里竟街，雕修繕飾，窮極巧技，爲費巨億。	《後漢書・楊震傳》
	謝惲、樊豐等詐作詔書，調發司農錢、大匠見徒材木，各起家舍，園池廬觀，役費無數。	《後漢書・楊震傳》
桓　帝	明年，南宮災，讓忠等說帝令歛天下田畝稅十錢，以修宮室，……刺史及茂才孝廉遷除皆責助軍修宮錢，大郡至二三千萬，餘各有差。	《後漢書・張讓傳》
	汝南郡多陂池，歲歲決壞，年費常三千餘萬。	《後漢書・鮑昱傳》

四、社會救濟費用

社會救濟是現代名詞，漢代稱爲賑或振。係在發生水旱天災、地震及偶發災害時，政府對人民的一種濟急措施。賑濟的方法，有時係免除租稅，有時係發給錢穀或助辦喪葬之費。有關這些例子甚多，茲列一表以供參考。

表十八：兩漢社會救濟支出表

時　　間	內　　　　　容	資　料　來　源
文帝後元六年（前158）	大旱，蝗。令諸侯無入貢，弛山澤，減諸服御，損郎吏員，發倉庾以振民，民得賣爵。	《漢書・文帝紀》
	大旱，蝗。發倉庾以振民。	《漢書・文帝紀》
文　帝	文帝出帛十餘萬匹，以振貧民。	《漢書・賈山傳》
武帝即位 （前141）	河內失火，上使汲黯往視之。還報曰：「臣過河內，河內貧人傷水旱萬餘家，或父子相食，臣謹以便宜，持節發河內倉粟以振貧民。請歸節，伏矯制罪。」上賢而釋之。	《漢書・汲黯傳》
元帝元狩四年（前119）	山東被水災，民多饑乏，於是天子遣使虛郡國倉廩以振貧民。猶不足，又募豪富人相假貸。尚不能救，乃徙貧民於關以西，及充朔方以南新秦中，七十餘萬口，衣食皆仰給於縣官。數歲，貸與產業，使者分部護，冠蓋相望，費以億計。	《漢書・食貨志》
元鼎二年 （前115）	詔曰：「水潦移於江南，迫隆冬至，朕懼其饑寒不活。江南之地，水耕火耨，方下巴蜀之粟致之江陵，遣博士中等	《漢書・武帝紀》

	分循行，論告所抵，無令重困。吏民有振救饑民免其厄者，具舉以聞。」	
元鼎三年（前114）	山東被河災，及歲不登數年，人或相食，方二三千里。天子憐之，令饑民得流就食江淮間，欲留，留處。使者冠蓋相屬於道護之，下巴蜀粟以振焉。	《漢書·食貨志》
昭帝始元元年（前86）	遣使者振貸貧民無種、食者。	《漢書·昭帝紀》
元鳳三年（前78）	詔曰：「乃者民被水災，朕虛倉廩，使使者以振困乏。」	《漢書·昭帝紀》
宣帝本始四年（前70）	詔曰：「今歲不登，已遣使者振貸困乏。其令太官損膳省宰，樂府減樂人，使歸就農業。丞相以下至都官令丞上書入穀，輸長安倉，助貸貧民。民以車船載穀入關者，得毋用傳。」	《漢書·宣帝紀》
元帝初元元年（前48）	以三輔、太常、郡國公田及苑可省者振業貧民，貲不滿千錢者賦貸種、食。臨遣光祿大夫褒等十二人循行天下，存問耆老鰥寡孤獨困乏失職之民。又令郡國被災害甚者毋出租賦。江海陂湖園池屬少府者以假貧民，勿租賦。六月，以民疾疫，省苑馬，以振困乏。九月，關東郡國十一大水，饑，或人相食，轉旁郡錢穀以相救。	《漢書·元帝紀》
初元二年（前47）	詔以水衡禁囿、宜春下苑、少府佽飛外池、嚴籞池田假與貧民。六月，關東饑，齊地人相食。秋七月，詔曰：「歲比災害，民有菜色，已詔吏虛倉廩，開府庫振救，賜寒者衣。」	《漢書·元帝紀》
成帝建始四年（前29）	後三歲，河果決於館陶及東郡金隄，泛濫兗、豫，入平原、千乘、濟南凡灌四郡三十二縣，水居地十五萬餘頃，深者三丈，壞敗官亭室廬，且四萬所。御史大夫尹忠對方略疏闊，上切責之，忠自殺，遣大司農非調調均錢穀河決所灌之郡。	《漢書·溝洫志》
河平四年（前25）	遣光祿大夫博士嘉等十一人行舉瀕河之郡，水所毀傷困乏不能自存者，財振貸。其為水所流壓死，不能自葬，令郡國給槥櫝葬埋。已葬者與錢，人二千。避水它郡國，在所冗食之，謹遇以文理，無令失職。	《漢書·成帝紀》
鴻嘉四年（前17）	渤海、清河河溢，被災者振貸之。	《漢書·成帝紀》
哀帝即位（前7）	詔曰：「……乃者河南、潁川郡水出，流殺人民，敗壞廬舍。……已遣光祿大夫循行舉籍，賜死者棺錢，人三千。其令水所傷縣邑及他郡國災害什四以上，民貲不滿十萬，皆無出今年租賦。」	《漢書·哀帝紀》
平帝元始二年（2）	郡國大旱，蝗，青州尤甚，民流亡。安漢公、四輔、三公、卿大夫、吏民為百姓困乏獻其田宅者二百三十人，以口賦	《漢書·平帝紀》

	貧民。遣使者捕蝗，民捕蝗詣吏，以石斗受錢。天下民貲不滿二萬，及被災之郡不滿十萬，勿租稅。民疾疫者，舍空邸第，為置醫藥。賜死者一家六尸以上葬錢五千，四尸以上三千，二尸以上二千。罷安定呼池苑，以為安民縣，起官寺市里，募徙貧民，縣次給食。至徙所，賜田宅什器，假與犁、牛、種、食。又起五里於長安城中，宅二百區，以居貧民。	
光武帝建武六年（30）	詔曰：「往歲水旱蝗蟲為災，穀價騰躍。其令郡國有穀者，給稟高年、鰥、寡、孤、獨、篤癃及無家屬貧不能自存者，如律。二千石勉加循撫，無令失職。」	《後漢書‧光武帝紀》
章帝即位初年（75）	牛疫。京師及三州大旱，詔勿收兗、豫、徐州田租、芻藁，其以見穀賑給貧人。	《後漢書‧章帝紀》
和帝永元五年（93）	遣使者分行貧民，舉實流冗，開倉賑稟三十餘郡。	《後漢書‧和帝紀》
永元六年（94）	遣謁者分行稟貸三河、兗、冀、青州貧民。三月庚寅，詔流民所過郡國皆實稟之，其有販賣者勿出租稅，又欲就賤還歸者，復一歲田租、更賦。	《後漢書‧和帝紀》
永元八年（96）	詔賑貸并州四郡貧民。五月，河內、陳留蝗。九月，京師蝗。詔百寮師尹勉修厥職，刺史、二千石詳刑辟，理冤虐，恤鰥寡，矜孤弱。	《後漢書‧和帝紀》
永元十一年（99）	遣使循行郡國，稟貸被災害不能自存者，令得漁採山林池澤，不收假稅。	《後漢書‧和帝紀》
永元十二年（100）	詔貸被災諸郡民種糧。賜下貧、鰥、寡、孤、獨、不能自存者，及郡國流民，聽入陂池漁採，以助蔬食。閏月，賑貸燉煌、張掖，五原民下貧者穀。六月，舞陽大水，賜被水尤貧者穀，人三斛。	《後漢書‧和帝紀》
永元十三年（101）	詔貸張掖、居延、朔方、日南貧民及孤、寡、羸弱不能自存者。秋，詔象林民失業農桑者，賑貸種糧，稟賜下貧穀食。	《後漢書‧和帝紀》
永元十四年（102）	詔貸張掖、居延、燉煌、五原、漢陽、會稽流民下貧穀，各有差。	《後漢書‧和帝紀》
永元十五年（103）	詔流民欲還歸本而無糧食者，過所實稟之，疾病加致醫藥；其不欲還歸者，勿強。二月，詔稟貸穎川、汝南、陳留、江夏、梁國、燉煌貧民。	《後漢書‧和帝紀》
永元十六年（104）	正月己卯，詔貧民有田業而以匱乏不能自農者，貸種糧。四月，遣三府掾分行四州，貧民無以耕者，為雇犁牛。	《後漢書‧和帝紀》
安帝即位（106）	詔以宿麥不下，賑賜貧人。	《後漢書‧安帝紀》

安帝永初二年（108）	正月，稟河南、下邳、東萊、河內貧民。二月乙丑，遣光祿大夫樊準、呂倉分行冀、兗二州，稟貸流民。十月庚寅，稟濟陰、山陽、玄菟貧民。十二月辛卯，稟東郡、鉅鹿、廣陽、安定、定襄、沛國貧民。	《後漢書・安帝紀》
永初三年（109）	京師大飢，民相食。詔以鴻池假與貧民。	《後漢書・安帝紀》
永初四年（110）	稟上郡貧民各有差。二月，稟九江貧民。	《後漢書・安帝紀》
永初七年（113）	詔郡國被蝗傷稼十五以上，勿收今年田租；不滿者，以實除之。調零陵、桂陽、丹陽、豫章、會稽租米，賑給南陽、廣陵、下邳、彭城、山陽、廬江、九江飢民；又調濱水縣穀輸敖倉。	《後漢書・安帝紀》
元初二年（115）	正月，詔稟三輔及并、涼六郡流冗貧人。五月，京師旱，河內及郡國十九蝗。詔：「三司既不奏聞，又無舉正，欺罔罪大。今方盛夏，且復假貸，以觀厥後。其務消救災眚，安輯黎元。」	《後漢書・安帝紀》
建光元年（121）	京師及郡國二十九雨水。遣光祿大夫案行，賜死者錢，人二千，除今年田租。其被災甚者，勿收口賦。	《後漢書・安帝紀》
延光元年（122）	京師及郡國二十七雨水，大風，殺人。詔賜壓溺死者年七歲以上錢，人二千；其敗壞廬舍、失亡穀食，粟，人三斛；又田被淹傷者，一切勿收田租；若一家皆被災害而弱小存者，郡縣為收領之。	《後漢書・安帝紀》
順帝永建三年（128）	正月丙子，京師地震，漢陽地陷。甲午，詔實覈傷害者，賜年七歲以上錢，人二千；一家被害，郡縣為收歛。勿收漢陽今年田租、口賦。四月，遣光祿大夫案行漢陽及河內、魏郡、陳留、東郡，稟貸貧人。	《後漢書・順帝紀》
陽嘉元年（132）	稟甘陵貧人，大小口各有差。	《後漢書・順帝紀》
永和四年（139）	太原郡旱，民庶流冗。遣光祿大夫案行稟貸，除更賦。	《後漢書・順帝紀》
質帝本初元年（146）	海水溢。使謁者案行，收葬樂安、北海人為水所漂沒死者，又稟給貧羸。	《後漢書・質帝紀》
桓帝建和元年（147）	二月，荊、揚二州人多餓死，遣四府掾分行賑給。	《後漢書・桓帝紀》
永興元年（153）	郡國三十二蝗，河水溢。百姓飢窮，流冗道路，至有數十萬戶，冀州尤甚，詔在所賑給乏絕，安慰居業。	《後漢書・桓帝紀》
永壽元年（155）	二月，司隸、冀州飢，人相食。敕州郡賑給貧弱。若王侯吏民有積穀者，一切貸十分之三，以助稟貸；其百姓吏民，以見錢雇直。王侯須新租乃償，六月，洛水溢，南陽大水，	《後漢書・桓帝紀》

	詔被水死流失屍骸者，令郡縣鉤求收葬；及所唐突壓溺物故，七歲以上賜錢，人二千。壞敗廬舍，失亡穀食，尤貧者稟，人二斛。	
延熹九年（166）	正月，詔曰：「比歲不登，人多飢窮，又有水旱疾疫之困。盜賊徵發，南州尤甚。災異日食，譴告累至。政亂在予，仍獲咎徵。其令大司農絕今歲調度追求，及前年所調未畢者，勿復收責。其災旱盜賊之郡，勿收租，餘郡悉半入。」三月癸巳，京師有火光轉行，人相驚譟。司隸、豫州飢死者什四五，至有滅戶者，遣三府掾賑稟之。	《後漢書・桓帝紀》
永康元年（167）	六州大水，勃海海溢。詔州郡賜溺死者七歲以上錢，人二千；一家被害者，悉爲收斂；其亡失穀食，稟人三斛。	《後漢書・桓帝紀》
獻帝興平元年（194）	七月，三輔大旱，自四月至于是月。帝避正殿請雨，遣使者洗囚徒，原輕繫，是時穀一斛五十萬，豆麥一斛二十萬，人相食啖，白骨委積。帝使侍御史侯汶出太倉米豆，爲飢人作糜粥；經日而死者無數。帝疑賦恤有虛，乃親於御坐前量試作糜，乃知非實，使侍中劉艾出責有司。於是尚書令以下皆詣省閤謝，奏收侯汶考實。詔曰：「未忍致汶于理，可杖五十。」自是之後，多得全濟。	《後漢書・獻帝紀》

五、賞賜費用

《漢書・毋將隆傳》云：

> 共養勞賜，壹出少府。〔註93〕

可見賞賜主要是由少府支出爲主，但《史記・平準書》云：

> 於是，天子北到朔方，東到泰山，巡海上，並北邊以歸，所過賞賜，
>
> 用帛百餘萬匹，錢金以萬計，皆取足大農。〔註94〕

可見大司農也支出了一部分賞賜的費用。是故，加藤繁認爲只有特別賞賜（在即位、崩駕、立皇后、立太子等的時候，對民人賜牛酒之類）是由大司農支出，通常的賞賜，由內帑（少府、水衡）支應〔註95〕。事實上，戰爭勝利之後，對將士的賞賜也是由大司農支應。如元朔五年「斬捕首虜之士受賜黃金二十餘萬斤」〔註96〕元狩四年「大將軍票騎大出擊胡，賞賜五十萬金。」〔註97〕後漢賞賜的費用，可能全部由大司農支應，茲舉二例證之。《後漢書・

〔註93〕《漢書》，卷七十七〈蓋諸葛劉鄭孫毋將傳第四十七〉，葉18上。

〔註94〕《史記》，卷三十〈平準書第八〉，葉19下。

〔註95〕同註69。

〔註96〕《漢書》，卷二十四〈食貨志第四下〉，葉7上。

〔註97〕同前註，葉十下。

皇后紀》云：

> 及太后崩，乃策書加貴人王赤綬，安車一駟、永巷宮人二百、御府
> 雜帛二萬匹、大司農黃金千斤，錢二千萬。〔註98〕

〈祭遵傳〉云：

> 遵喪，……詔大長秋、謁者、河南尹護喪事，大司農給其費。〔註99〕

由每次賞賜高達黃金千金，錢千萬以上，可知賞賜費用，亦是大司農支出的
大宗。

六、祭祀費用

祭祀費用也是由大司農支出，〈孔廟置百石卒史碑〉云：

> 河南尹給牛羊雞各一，大司農給米祠。〔註100〕

又大司農屬官有籍田令丞，掌理籍田的耕作，其收入係供天子行籍田禮之用
〔註101〕。故加藤繁認為天地山川宗廟祭祀由太常所掌，費用由大司農支出。
〔註102〕

七、事務費

事務費用即行政事務費用，大概是文書雜支，《漢書・薛宣傳》云：

> 下至財用筆研，皆為設方略利用而省費。〔註103〕

〈楊惲傳〉：

> 故事，令郎出錢，市財用給文書，迺得出，名曰山郎。……惲為中
> 郎將，罷山郎，移長度大司農以給財用。〔註104〕

此項支出是經常性，且數目較小，亦為大司農支出的費用。

八、外交費用

外交費用，為羈縻外族的費用。《漢書・張騫傳》云：

〔註98〕《後漢書》，卷十〈皇后紀第十〉，葉19下。
〔註99〕前引書，卷二十〈列傳第十・祭遵傳〉，葉12下。
〔註100〕王昶、金石萃編，《石刻史料新編》（臺北：新文豐出版公司，1977年12月），
　　　　卷八，葉18下～19上。
〔註101〕見本文第二章第三節。
〔註102〕同註69，頁125。
〔註103〕《漢書》，卷八十三〈薛宣朱博傳第五十三〉，葉5上。
〔註104〕前引書，卷六十六〈公孫劉車王楊蔡陳鄭傳第三十六〉，葉10上～10下。

張騫言:「烏孫王昆莫本匈奴臣,後兵強,不肯復事匈奴,誠以此時厚幣賂烏孫,其勢宜聽,則是斷匈奴右臂也。」天子以爲然,拜騫爲中郎將,將三百人,馬各二千疋,牛羊以萬數,齎金幣帛,直數千鉅萬,多持節副使,道可便遣之旁國。〔註105〕

又《後漢書・袁安傳》云:

漢故事,供給南單于費直歲一億九十餘萬,西域歲七千四百八十萬,今北庭彌遠,其費過倍,是乃空盡天下,而非建策之要也。〔註106〕

可知外交費用的支出,也是非常的龐大,亦爲財政上的一大負擔。

總而言之,對於漢代國家財政的收入和支出,因爲缺乏了可靠的統計數字,只能做一概略性的敘述,而無法做更全面的分析,實爲研究上的缺憾。

〔註105〕前引書,卷六十一〈張騫李廣利傳〉,葉5上。
〔註106〕《後漢書》,卷四十五〈列傳第三十五・袁安傳〉,葉6下。

圖二：建武三年「居延都尉吏奉穀秩別令」冊摹本

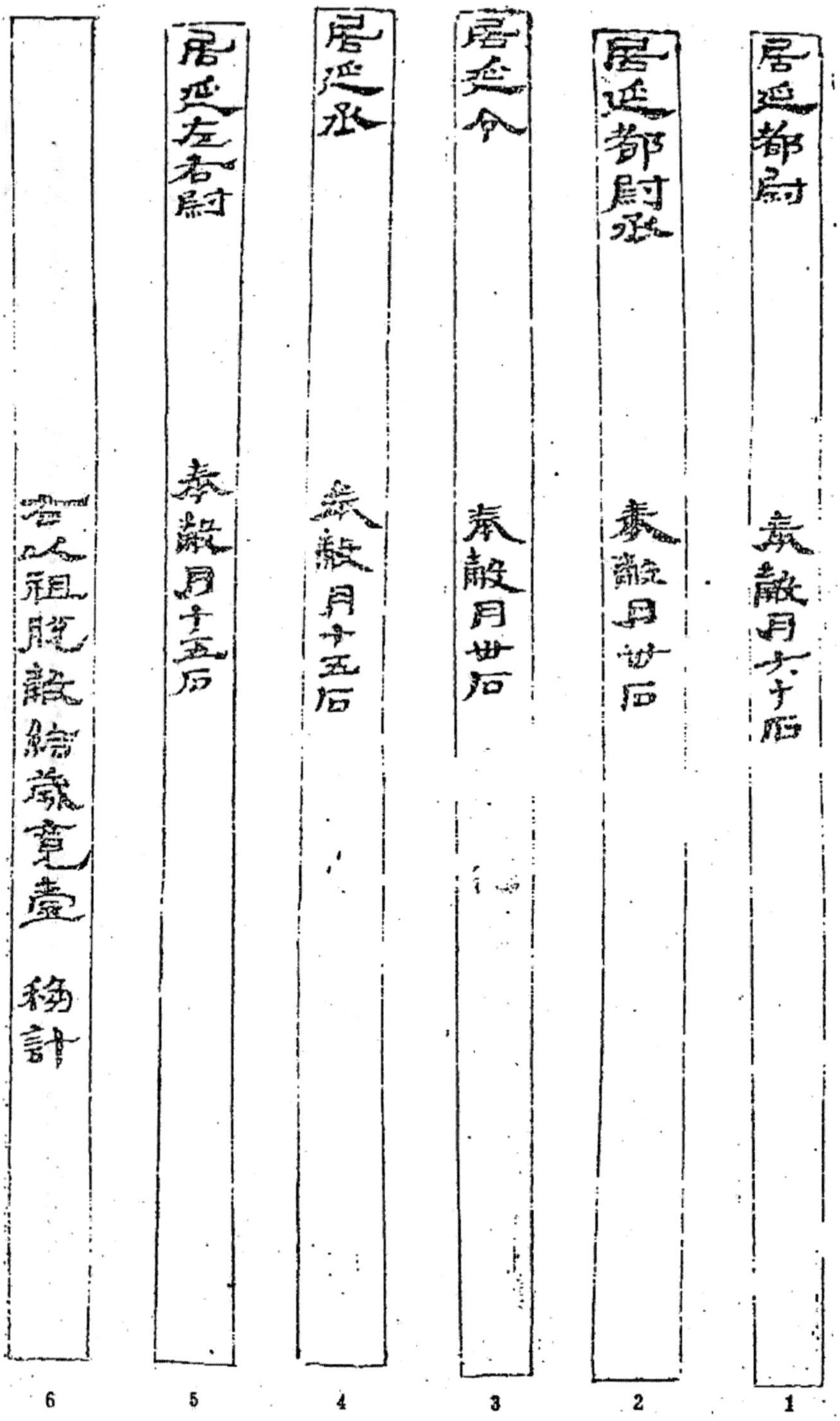

居延都尉　奉穀月六十石

居延都尉丞　奉穀月卅石

居延令　奉穀月卅石

居延丞　奉穀月十五石

居延左右尉　奉穀月十五石

守丞相脫藏綰藏寬臺　稱計

| 6 | 5 | 4 | 3 | 2 | 1 |

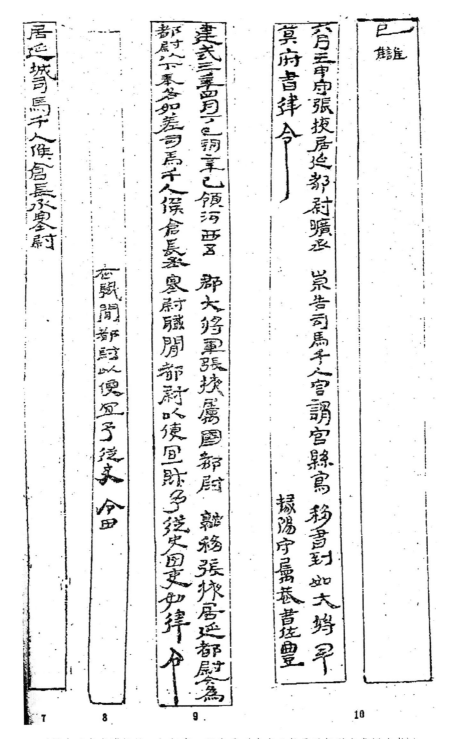

第五章　大司農與漢代財經政策

第一節　大司農推行的財經政策

　　大司農擬訂推行的財經政策，為鹽鐵專賣、榷酤，均輸平準及常平倉。

　　鹽鐵是民生必須品，市場廣、需求量大，利益優厚，非一般商家所能經營，故從事鹽鐵者，往往能夠發大財，擁有權勢，此即所謂「冶鑄煮鹽，財或累萬金」〔註1〕、「與王者埒富。」〔註2〕

　　秦及漢初鹽鐵的經營，有謂採放任政策〔註3〕，或云包商制度〔註4〕。但無論是放任政策或是包商制度，鹽鐵均係由民間經營，而政府以監督者的立場徵稅。在武帝行鹽鐵專賣以前，鹽鐵稅由少府徵收，供皇室私用。由於武帝外攘四夷，內興功作，軍費及奢侈費用支出龐大，財政發生危機，才將可獲致大利的鹽鐵移撥大司農以助國用。〔註5〕

　　鹽鐵收入移撥大司農，係於元狩元年（前 115），由東郭咸陽及孔僅主其事，他們僅做到「乘傳舉行天下鹽鐵，作官府，除故鹽鐵家富者為吏。」

<hr>

〔註1〕《史記》，卷三十〈平準書第八〉，葉7下。
〔註2〕前引書，卷一二九〈貨殖列傳第六十九〉，葉6下。
〔註3〕林平和，《鹽鐵論析論與校補》（臺北：文史哲出版社，1984年3月初版），頁390。
〔註4〕陳直，〈鹽鐵及其他採鑛〉，《兩漢經濟史料論叢》，頁237。張傳璽，〈秦漢時期三種鹽鐵政策的變遷〉，《秦漢史論叢》第二輯（1983年8月），頁39。
〔註5〕《漢書》，卷二十四〈食貨志第四下〉，葉 11 上云：「山海天地之臧，宜屬少府，陛下弗私，以屬大司農佐賦。」

〔註6〕並未將鹽鐵專賣制度化，形成一個經濟機構。這一方案的成熟是在元封元年（前110）桑弘羊以治粟都尉領大農，代孔僅管理天下鹽鐵時〔註7〕。其具體的作法為，「置大農部丞數十人，分部主郡國、各往往置均輸鹽鐵官。」〔註8〕即在全國各地設置鹽鐵官主持之〔註9〕。專賣的辦法，鹽是由願經營的人民自籌經費，鹽官（政府）供給煮鹽的牢盆，成品由政府收購再平價出售予人民。鐵則凡郡國產鐵者設鐵官，不產鐵的縣設小鐵官，負責鐵器的製售。為了維持專賣制度的推行，採行重罰的措施，凡「私鑄鐵器鬻鹽者，釱左趾。」〔註10〕

除鹽鐵之外，酒也行專賣。《鹽鐵論》云：

今弟子遠勞於外，人主為之夙夜不寧，群臣盡力畢議，冊滋國用。

故少府丞令請建酒榷，以贍邊，給戰士，拯救民於難也。〔註11〕

就此而言，酒很可能也是少府所掌的山海天地之藏，由於財用不足，才由少府丞令建請實施專賣，而由大司農認為可行而採納施行之。

酒榷自武帝天漢三年（前98）開始實施〔註12〕，至昭帝始元六年（前81）秋七月罷榷酤官，改行徵收酒稅止〔註13〕，共推行了十八年。至於酒榷的制度，實施的辦法及執行的情形如何，則因史料乏徵，無法明確知悉。

均輸與平準，也是大司農所推行的財經政策，此種政策，或以師法管子〔註14〕。然而在漢代最早提出類似主張的為文帝時的賈誼〔註15〕。真正付諸實施則是在漢武帝時。此一政策的推行，是先後有序的，先於元鼎二年（前115）設均輸，此時可能還是一種實驗的性質，僅於若干地區設均輸官，而非全面性的設置，故云：「稍置均輸，以通貨物矣。」〔註16〕至元封元年（前

〔註 6〕同前註。

〔註 7〕韓復智，《兩漢經濟思想》（臺北：中國學術著作獎助委員會，1969 年 7 月初版），頁 43。

〔註 8〕同註 5，葉 17 上。

〔註 9〕關於鹽鐵官的分布，見本文附表三、表四及圖一。

〔註 10〕同註 5。

〔註 11〕桓寬著，王利器校注，《鹽鐵論校注》，卷第二〈憂邊第十二〉，頁 89。

〔註 12〕《漢書》，卷六〈武紀第六〉，葉 27 下云：「初榷酒酤。」

〔註 13〕前引書，卷七〈昭紀第七〉，葉 4 下。

〔註 14〕林平和，前引書，頁 401。

〔註 15〕《漢書》，卷二十四〈食貨志第四下〉，葉 5 上，賈誼云：「……以臨萬貨，以調盈虛，以收奇羨，則官富貴，而末民困，……。」

〔註 16〕同註 1，葉 13 上。

110）均輸平準合併推行後，才全面設置。〔註17〕

　　均輸官的設置，是從傳統的貢輸辦法改革而來的〔註18〕。故《鹽鐵論》云：

> 往者郡國諸侯各以其方物貢輸，往來煩雜，物多苦惡，或不償其費。
> 故郡國置均輸官以相給運，而便遠方之貢，故曰均輸。〔註19〕

孟康則更進一步的加以闡述：

> 謂諸當所輸於官者，皆令輸其土地所饒，平其所在時價，官更於他
> 處賣之，輸者既便，而官有利。〔註20〕

孟康的說法，向來爲研究均輸制度者所宗，鮮有對之產生異議。但今人侯家駒卻有不同的看法，他認爲孟說「官於他處賣之」句中，「賣」爲「買」之誤〔註21〕。侯氏的說法，並未有新史料提供佐證，只是就現有的記載所作的推論，在「均輸及平準的全貌不一定是可使人明瞭的」〔註22〕情況下，侯氏的說法，仍然有其參考價值。總而言之，無論作「賣之」或「買之」，均輸是在郡國設置均輸官，負責轉運各地貢輸物品，流通有無，而由政府賺取其間的差額利潤，以充國用。

　　平準類似今日的物資局或糧食局，是一種平抑調節物價的機構。《史記・平準書》云：

> 置平準於京師，都受天下委輸。……大農之諸官盡籠天下之貨物，
> 貴即賣之，賤則買之。如此，富商大賈無所牟大利，則反本，而萬
> 物不得騰踊。故抑天下物，名曰平準。〔註23〕

《鹽鐵論》亦云：

> 開委府于京師，以籠貨物。賤即買，貴即賣，是縣官不失實，商賈
> 無所貿利，故曰平準。〔註24〕

〔註17〕同前註，葉19上。

〔註18〕王毓銓，〈「民數」與漢代封建政權〉，原載《中國史研究》1979年第三輯，收入《中國社會經濟史參考文獻》（臺北：華世出版社，1984年10月初版），頁226。

〔註19〕桓寬，前引書，卷第一〈本議第一〉，頁4。

〔註20〕同註1，葉13上，裴駰集解引孟康語。

〔註21〕侯家駒，〈均輸平準小考〉，《大陸雜誌》第五十八卷第四期（1979年4月），頁6。

〔註22〕森谷克己著，陳昌蔚譯，《中國社會經濟史》（臺北：臺灣商務印書館，1975年7月臺二版），頁166。

〔註23〕同註17。

〔註24〕同註19。

由前述，可知均輸的功用在調劑空間上物價之不平，平準在調劑時間上物價之不平，二者可以單獨各用，亦可以同時並用〔註 25〕。均輸設於郡國，類似行商，平準置於京師，如同坐賈〔註 26〕。換言之，均輸平準係一體兩面，其目的在「均有無而通萬物」〔註 27〕、「通委財而調緩急」〔註 28〕。達到「縣官不失實，商賈無所貿利。」〔註 29〕使國家府庫充實，以佐邊費。

常平倉係效法管仲的歛散平準法，乃李悝的糴糶散法〔註 30〕，而在漢宣帝五鳳年間，由大司農中丞耿壽昌建議推行，《漢書・食貨志》載此事云：

> 大司農中丞耿壽昌以善爲算，能商功利，得幸於上。五鳳中，奏言：
> 「故事，歲漕關東穀四百萬斛以給京師，用卒六萬人。宜糴三輔、
> 弘農、河東、上黨、太原郡穀足供京師，可省關東漕卒過半。」……
> 漕事果便，壽昌遂白令邊郡皆築倉，以穀賤時增其賈而糴，以利農，
> 穀貴時減賈而糶，名曰常平倉。〔註 31〕

按：在五鳳元年（前 57）至黃龍元年（前 49）任大司農者爲延〔註 32〕，其事蹟不可考。而是時大司農中丞耿壽昌「以善爲算，能商功利，得幸於上」〔註 33〕，再由桑弘羊以治粟都尉領大農的情形來推論〔註 34〕，此時大司農的職務，很可能由大司農中丞耿壽昌代行，因之，常平倉的設置，可視爲大司農所擬定推行的政策。

第二節　大司農財經政策的評價

一、桑弘羊財經政策的評價

對於桑弘羊所推行的財經政策，評論者亦眾，但皆各執一端，很難得到

〔註 25〕朱希祖，〈桑弘羊之經濟政策〉，《朱希祖先生文集》（三）（臺北：九思出版有限公司，1979 年 7 月臺一版），頁 170。
〔註 26〕韓復智，《兩漢經濟思想》，頁 50。
〔註 27〕桓寬，前引書，卷第一〈通有第三〉，頁 20。
〔註 28〕同註 19，頁 3。
〔註 29〕同註 19。
〔註 30〕陳嘯江，〈西漢政府的農業政策及其批評〉，《文史學研究所月刊》第二卷第五期，頁 184。
〔註 31〕《漢書》，卷二十四〈食貨志第四上〉，葉 17 上。
〔註 32〕前引書，卷十九〈百官公卿表第七下〉，葉 12；本文附表六。
〔註 33〕同註 31。
〔註 34〕同前註，葉 17 上～17 下。

一個公允的論斷。本文將試從政策目的與執行技術二方向來討論，而不就其影響來作判斷，或許可以得到一個較持平的看法。

　　桑弘羊推行的財經政策，在本質上是一種戰時財經政策，這一政策是針對武帝一朝的財政困境而設計的。造成武帝朝財政困窘的因素不止一端，但不容諱言，軍費支出過於龐大為主要因素，因此桑弘羊在擬訂財經政策的立足點，乃為應付武帝開邊的財政，亦即是應付戰時的財政需要〔註35〕。所以在鹽鐵會議中，桑弘羊不時的強調此一觀點。其云：

　　　　匈奴背叛不臣，數為寇暴於邊鄙。備之則勞中國之士，不備則侵盜
　　　　不止。先帝哀邊人之久患，苦為虜所係獲也，故修障塞，飭烽燧，
　　　　屯戍以備之。邊用度不足，故興鹽鐵、設酒榷、置均輸、蓄貨長財，
　　　　以佐邊費。〔註36〕

　　　　鹽鐵之利，所以佐百姓之急，足軍旅之費，務蓄積以備乏絕，所以
　　　　給甚眾，有益於國，無害於人。〔註37〕

　　　　大夫各運籌策，建國用，籠天下鹽鐵諸利，以排富商大賈，買官贖
　　　　罪，損有餘補不足，以足黎民。是以兵革東西征伐，賦斂不增而用
　　　　足。〔註38〕

　　　　當此之時，四方征暴，車甲之費，克獲之賞，以億萬計，皆贍大司
　　　　農。此皆扁鵲之力，而鹽鐵之福也。〔註39〕

　　　　往者財用不足，戰士或不得祿；而山東被災，齊、趙大饑，賴均輸之
　　　　畜，食廩之積，戰士以奉，饑民以賑。故均輸之物，府庫之財，非所
　　　　以賈萬民而專奉兵師之用，亦所以賑困乏而備水旱之災也。〔註40〕

由於此一政策適應了戰時的需求，故在辯駁中持反對意見的賢良文學，亦云：

　　　　孝武皇帝攘九夷，平百越，師旅數起，糧食不足，故立田官，置

〔註35〕徐復觀，《鹽鐵論中的政治社會文化問題》，《兩漢思想史》卷三（臺北：臺灣
　　　　學生書局，1979年9月初版），頁141。
〔註36〕桓寬，前引書，卷一〈本議第一〉，頁1～2。
〔註37〕前引書，卷第二〈非鞅第七〉，頁50。
〔註38〕前引書，卷第三〈輕重第十四〉，頁99。
〔註39〕同前註，頁100。
〔註40〕前引書，卷第一〈力耕第二〉，頁11～12。

> 錢，入穀射官，救急贍不給。今陛下（昭帝）繼大功之勤，養勞倦
> 之民……此用麇鬵之時。……六年於茲，公卿無請減除不急之官，
> 省罷機利之人……今公卿辯議，未有所定，此所守小節而遺大體，
> 抱小利而忘大利者也。〔註41〕

由此可知，賢良文學並沒有完全否定戰時財經政策的意義，他們之所以反對，是以戰時已過去，轉入承平休養生息的時代，此一戰時的財經措施，與時代的需求不合。〔註42〕

鹽鐵是民生的必須品，獲利能力也最豐。在漢初鹽鐵雖放任人民自由經營，但並非是人人所能經營者，由於鹽鐵等原料並非人人所能得，即所謂「吳王擅障海澤，鄧通專西山」〔註43〕。復以此等事業的設備及人力，也非一般人之力所能經營者，因之經營鹽鐵之權遂落少數豪強大家之手，最有名者當推胸邴和吳王劉濞。這些人擁有鉅富，進而操縱經濟和民生，對社會和政治產生了危害，桑弘羊即曾指出：

> 夫權利之處，必在深山窮澤之中，非豪民不能通其利。異時鹽鐵未
> 籠，布衣有胸邴，人君有吳王，皆鹽鐵初議也。吳王專山澤之饒，
> 薄賦其民，賑贍窮乏，以成私威。私威積而逆節之心作。夫不蚤絕
> 其源而憂其末，若決呂梁，沛然，其所傷必多矣。〔註44〕

又說：

> 鐵器兵刃，天下之大用也，非眾庶所宜事也。往者豪強大家，得管
> 山海之利，采鐵石鼓鑄，煮海為鹽。一家聚眾或至千餘人，大抵盡
> 收放流人民也，遠去鄉里，棄墳墓，依倚大家。聚深窮澤之中，成
> 姦偽之業，遂朋黨之權，其輕為非亦大矣。〔註45〕

桑弘羊這些言詞不僅指出鹽鐵由豪強大家經濟之弊，同時也隱然有壓抑這些豪強之意。這一點是很值得去討論的。

桑弘羊的財經政策最大的目的，在「各運籌策，建國用，籠天下鹽鐵諸利，……損有餘，補不足，以齊黎民。」〔註46〕亦即以增加國用為目標。現

〔註41〕前引書，卷第一〈復古第六〉，頁43。
〔註42〕同註35。
〔註43〕桓寬，前引書，卷第一〈錯幣第四〉，頁30。
〔註44〕前引書，卷第一〈禁耕第五〉，頁37。
〔註45〕前引書，卷第一〈復古第六〉，頁42。
〔註46〕同註38。

在爲了增加國用，而將原本屬於豪強大家所經營的鹽鐵收歸國營，必會引起這些既得利益者的反對，這從桑弘羊所說：「浮食奇民，好欲擅山海之貨，以致富業。役利細民，故沮事議者眾。」〔註47〕可以得到證明。面對這種反對的浪潮，又要達到增加國家財政的目的，只有走上和豪強大家妥協的道路，所以推行鹽鐵政策的官吏，在東郭咸陽、孔僅主其事時，是「除故鹽鐵家富者爲吏」〔註48〕，而桑弘羊時中央派往郡國的大農部丞及各地的鹽鐵官，雖未說明係由何種身分的人擔任，但很有可能部分是因襲了東郭咸陽、孔僅的遺制，由鹽鐵富家出任。這種妥協的態度，可能產生了兩種情形，一是鹽鐵之利既不再歸於豪強大家，則他們出任鹽鐵官，對政策的推行，必不會十分熱心，事事虛應故事，致產製鐵器多苦惡。再則很容易產生官商勾結的弊端。因之，在鹽鐵會議上，賢良文學即不斷的加以抨擊：

> 縣官鼓鑄鐵器，大抵多爲大器，務應員程，不給民用。民用鈍弊，割草不痛。是以農夫作劇，得獲者少，百姓苦之矣。〔註49〕

又說：

> 今縣官作鐵器，多苦惡，用費不省，卒徒煩而力作不盡。家人相一，父子戮力，各務爲善器。器不善者不集，農事急，輒運行之阡陌之間。民相與市買，得以財貨五穀新弊易貨，或時貰民，不棄作業。置田器各得所欲，更繇省約。縣官以徒復作，繕治道橋諸發，民便之。今總其原，壹其賈，器多堅礛，善惡無所擇。吏數不在，器難得。家人不能多儲，多儲則鎮生。棄膏腴之日，遠市田器，則後良時，鹽鐵賈貴，百姓不便。貧民或木耕手耨，土耰淡食。鐵官賈器不售，或頗賦與民。卒徒作不中呈，時命助之。發徵無限，更繇以均劇，故百姓疾苦之。〔註50〕

可見，在充實國用的戰時財經政策的大前提下，鹽鐵專賣只做到「通委財而調緩急」〔註51〕，並未達到「一其用，平其賈，以便百姓公私。……工致其事，則剛柔和，器用便」〔註52〕的理想，甚至違背了壓抑豪強、排富商大賈

〔註47〕同註45。

〔註48〕同註6。

〔註49〕桓寬，前引書，卷第六〈水旱第三十六〉，頁252。

〔註50〕同前註，頁252～253。

〔註51〕前引書，卷一〈本議第一〉，頁3。

〔註52〕同註49。

的初衷，轉而與之相結合，這是一種政策執行技術上的重大誤失。

均輸與平準也是戰時財經政策的一項重要措施。由政府設立機構，便捷了貢物的運輸，更接替了商人的機能與利益，以平定物價，增加國庫的收入，這較直接向生產者的農民增加賦稅，也較爲合理〔註53〕。但是實行的結果，只做到「灸刺稽滯，開利百脈，是以萬物流通，而縣官富實。」〔註54〕並未能減輕農民的負擔，及使「商賈無所貿利」〔註55〕所以賢良文學在鹽鐵會議中，即明陳均輸平準之流弊云：

> 古者之賦稅於民也，因其所工，不以所拙。農人納其獲；女工效其工。今釋其所有，責其所無。百姓賤賣貨物以便上求。閒者，郡國或令民作布絮，吏恣留難，與之爲市。吏之所入，非獨齊、阿之縑，蜀、漢之布也，亦民間之所爲耳。行姦賣平，農民重苦，女工再稅，未見輸之均也。縣官猥發，閣門擅市，則萬物並收。萬物並收，則物騰躍。騰躍，則商賈侔利。自市，則吏容姦，豪吏富商積貨儲物以待其急。輕賈姦利收賤以取貴，未見準之平也。蓋古之均輸，非以齊勞逸而便貢輸，非以爲利而賈萬物也。〔註56〕

這一記載，反映出均輸平準弊端的產生，肇因於執行技術的偏差，亦即人爲的因素——貪官污吏的弄法，及官商勾結操縱而成。故李長之云：「酷吏與平準爲因緣。」〔註57〕

戰時財經的另一環酒榷，是國家財政的重要收入之一，可能也造成了某些流弊，否則賢良文學也不會建議罷酒榷〔註58〕，而且成爲桑弘羊推行的財經政策，在前漢唯一被罷者。只是有關資料不足，我們現在尚無法對酒榷作一完整的了解。

就國家財政政策與經濟目標而言，桑弘羊推行的戰時財經政策，可以說是成功的。故張敞云：

〔註53〕徐復觀，前引文，頁148。

〔註54〕桓寬，前引書，卷第三〈輕重第十四〉，頁100。

〔註55〕同註29。

〔註56〕同註19。

〔註57〕李長之，《司馬遷之人格與風格》（臺北：開明書店，1976年3月臺九版），頁189。

〔註58〕韓復智，《兩漢經濟思想》，頁51。賢良文學建議罷酒榷，除《漢書・昭帝紀》有記載外，較詳細內容則見諸《鹽鐵論》，卷一〈本議第一〉，頁1。但也只是籠統含糊之說，並不能窺出主因。

昔先帝征四夷，兵行三十餘年，百姓猶不加賦而軍用足。〔註59〕

所以唐代的劉晏與宋代的王安石，皆師法這些財政理論，甚至中山先生的節制私人資本、發達國家資本之方案，也與此有密切關係〔註60〕。可見其影響之深遠。但是也有持相反意見者，如張君勱即認為：「桑弘羊之所為，壟斷天下之商業交通（指治車言之）與物價，與今日獨裁國家之統治經濟正復相同。」〔註61〕這一評論只著重在政策執行技術的偏差，與其負面影響，而未考慮到政策推行的目的。

二、常平倉制的評價

常平倉制度的建立，最初的目的在省漕事，調劑穀價，而後推行於邊郡〔註62〕，因此也具有國防上的意義，對安邊防夷有重大的影響，趙充國即曾指出：

金城、湟中穀斛八錢，吾謂耿中丞，糴三百萬斛穀，羌人不敢動矣。

耿中丞請糴百萬斛，迺得四十萬斛耳。義渠再使，且費其半。失此

二冊，羌人故敢為逆。失之毫釐，差以千里，是既然矣。〔註63〕

由此可見，常平倉確實具備了實質的利益，故雖遭御史大夫蕭望之的反對〔註64〕，漢宣帝還是採納了耿壽昌的建議，毅然推行之。

從攻策的觀點而言，「耿壽昌常平之法，利民之善術也。」〔註65〕故至宋代仍承襲此制，設常平倉，以供救災之用〔註66〕。但是耿壽昌常平倉制，自宣帝五鳳年間實施，至元帝時，天下大水，關東十郡尤甚。初元二年（前47），齊地又發生饑荒，穀價漲至三百餘錢一石，人民多餓死，琅琊郡更發生了相食的慘劇。當時在位的儒生因而倡言「鹽鐵官及北假田官、常平倉可

〔註59〕《漢書》，卷七十八〈蕭望之傳第四十八〉，葉5下。

〔註60〕韓復智，《兩漢經濟思想》，頁56。

〔註61〕張君勱，《中國專制君主政制之評議》（臺北：弘文館出版社，1986年2月1日初版），頁31。

〔註62〕同註31。

〔註63〕《漢書》，卷六十九〈趙充國辛慶忌傳第三十九〉，葉10下～11上。

〔註64〕前引書，卷七十八〈蕭望之傳第四十八〉，葉8上云：「是時大司農中丞耿壽昌奏設常平倉，上善之。望之非壽昌。」

〔註65〕王夫之，《讀通鑑論》（臺北：河洛圖書出版社，1976年3月臺景印初版），卷四〈漢宣帝〉，頁102。

〔註66〕王德毅，《宋代災荒的救濟政策》（臺北：中國學術著作獎助委員會，1970年5月初版），頁28。

罷。」〔註67〕元帝採納了他們的建議，乃皆罷之。

　　常平倉設立的目的，在調劑穀價，使供需平衡，以利農。如今卻反而因穀價高漲而遭停罷，這是值得加以探討。蓋常平倉設置的初衷，在於調劑穀價，當穀賤時，政府須加價收購，但政府的財力畢竟有限，不可能毫無限制的收購餘糧——這種情形，正如現今農會收購稻穀有限額規定相同，容易造成穀賤傷農。而一般富商巨賈擁有大批糧食不但不急著出售，也可能趁機賤價收購囤積。逮至荒年穀價高昂時，政府雖極力拋售常平倉之儲米平抑物價，而一般囤積居奇的富商巨賈，坐待常平倉米拋售殆盡時，再乘機哄抬物價，再加上人為的因素，如日益敗壞的吏治，官商勾結，則不僅常平倉的設置無濟於事，就是任何良方美法也於事無補〔註68〕。所以後漢明帝時，欲置常平倉，劉般就以「常平倉外有利民之名，而內實侵刻百姓，豪右因緣為姦，小民不得得平，置之不便。」〔註69〕而大加反對。劉般所指陳常平倉的弊端是事實，但是若從政策的角度來衡量，常平倉仍有其貢獻與影響，不可一味的加以否認。

〔註67〕《漢書》，卷二十四〈食貨志第四上〉，葉17下～18上。

〔註68〕韓復智，〈西漢物價的變動與經濟政策之關係〉，《漢史論集》（臺北：文史哲出版社，1980年10月初版），頁76。

〔註69〕《後漢書》，卷三十九〈列傳第二十九・劉般傳〉，葉13下。

第六章　結　論

一、

　　就政治制度的發展與演變而言，秦漢時代正是中國政治制度的創建時期〔註1〕。此時政治制度並未完全成熟定型，尚在衍變之中，從大司農的職掌由多樣性趨向一元化，及與九卿職掌的重疊來看，即是一個明顯的例證。

　　大司農起源的說法雖多，實則大司農的設置，乃係爲因應大一統帝國成立後的國家財政，而由帝王的親近臣屬內史中分權而設置的，就地位而言，並不如少府的重要，直至漢武之際，爲了解決國家財政的困境，才將少府的職權及收入的一部分改劃入大司農。〔註2〕

　　爲了適應新的財經措施，在君主的特別信任與支持下，大司農的組織隨之擴大，職權也相對的加重，以遂其達到推行新財經政策的目的。由於政策的推行取決於君主的信任和支持與否，因此這些擴大的組織和職權，並非在兩漢時代都是一成不變的，它也是隨著君主的態度而轉變。尤其到了後漢，表面上國家的財政制度，已從前漢時的二元化財政，轉變爲一元化的財政制度，大司農爲國家財政的唯一主管。但事實上，在後漢的大司農，權力並未增大，反而被削減，部分劃歸地方官吏主管，同時也未能像前漢時期的桑弘羊般的有大作爲。

二、

　　大司農由治粟內史改名爲大農令的時間，一般學者皆依《漢書·百官公

〔註 1〕 錢穆，《國史大綱》（臺北：臺灣商務印書館，1974 年 9 月修訂一版），頁 86。
〔註 2〕 楊寬，〈從「少府」職掌看秦漢封建統治者的經濟特權〉，頁 225。

卿表》的說法，在漢景帝後元年。但是據《史記・景帝本紀》所載，在景帝中六年，改官名者有大理、將作少府、主爵中尉、長信詹事、將行、大行、奉常、典客及治粟內史，除治粟內史外，其餘諸官在《漢書・百官公卿表》的記載，皆與《史記・孝景本紀》相同，即在中六年改官名。同時在中六年，也減笞法，定鑄錢偽黃金棄市律。從這些因素判斷，治粟內史改名大農令，應該在景帝中六年，《漢書・百官公卿表》的說法顯然有誤。

又大司農中丞，有以為係大司農兩丞之一，但由於大司農中丞，在前漢並非只有一人，同時有冠以職司者，如「治歷大司農中丞」，因此大司農中丞，非大司農丞。

三、

兩漢歷任大司農可考者有九十人。從其出身背景考察，由儒者出任者有二十二人，佔了最大的比例，尤其在宣帝之後更為顯著，由此顯示出財經政策與學術、社會環境相配合，由重實利的戰時財經政策，轉向保守的財經政策。

出身賈人及商賈之家者，雖僅有三人，但是在大司農任上表現最佳者，卻是這一班商人財政家，一方面固然是他們得到君主的信任與支持，另一方面為他們來自商賈之家，懂得如何去聚積財源，以供國用。

從宦途上而言，在前漢大司農由地方太守擢陞者最夥，轉任他官，最高也只做到御史大夫，此與前漢任官有一制度可循有關。至後漢大司農轉任三公者，僅排名九卿中之第三，顯然大司農地位已下降，不再是帝王親近的臣屬。

四、

由於受到史料的限制，大司農在政治體系中的地位，現在尚無法作更深入的探討與了解，所遺留的問題也很多。

在理論上，丞相（三公）是最高的政務官，掌理全國的事務，大司農自然受其管轄與節制，每年須按時將所管錢穀收支情形上報丞相府，而在政策的擬定上可能也受丞相的督導。在九卿中，前漢時少府和水衡都尉掌皇室財政，與掌國家財政的大司農最為密切，在國家財政困乏時，甚至將少府的部分收入改隸大司農。至於其他各卿和大司農的關係，目前可以確定的是各官署的費用是由大司農支付，同時在職掌上也有一些小小的雷同。

　　大司農係主管全國性的職務，和郡國的關係，自然最爲密切。大司農可以視各地的需求而調撥錢穀，尤其對邊郡提供後勤補給，充裕邊郡的守禦力量。而郡國每年須按「四時」上報錢穀簿至大司農，接受考課，則大司農是郡國「四時」上計的一個單位。

五、

　　從財政政策與經濟目標而言，大司農所推行的財經政策是切合實際需要的，故在後漢章帝時也一度復置鹽鐵官〔註3〕，至和帝時方才罷除〔註4〕。足見在兩漢時代人們的心目中，大司農所推行的財經政策，仍不失爲濟急的良策，故其影響深遠。

　　政策的目的，決定了政策運行的方向，可是在政策執行的技術上，卻很容易發生偏差。大司農的政策，主要是解決軍費支出浩大所造成的財政困境，以大量增加國庫的收入爲目的，因此其運行的方向，必走向與增加國庫收入的目的相符合，其偏差甚至置人民生活的疾苦於不顧。這種政策推行於戰時，自然能獲致其利，但若在國家承平之時，仍原封不動的實行，是很容易引起人民的反感〔註5〕。這也是在鹽鐵會議中，賢良文學極力反對桑弘羊財經政策的主因之一。由此我們可以得到一個認識，一個政策的推行，其立意不論是如何的完善，如何切合實際的需要，但在執行的技術上若產生了偏差，其產生的流弊，往往足以抵消其所帶來的實質利益，甚至禍害更深，這是在今日很值得我們參考深思的。

〔註3〕　《後漢書》，卷三十六〈列傳第二十六・鄭眾傳〉，葉10上；卷四十三〈列傳第三十三・朱暉傳〉，葉4下～5下。
〔註4〕　前引書，卷四〈帝紀第四・和帝紀〉，葉3下。
〔註5〕　徐復觀，《鹽鐵論中的政治社會文化問題》，頁149～150。

參考書目

一、重要史料

1. 漢・王隆撰，漢・胡廣注，清・孫星衍校集，《漢官解詁》，一卷，四部備要本，臺北：臺灣中華書局，1973 年 11 月臺三版。

2. 清・王昶，金石萃編，《石刻史料新編》，一六〇卷，臺北：新文豐出版有限公司，1977 年 12 月初版。

3. 中國科學院考古研究所編，《居延漢簡甲乙編》，二冊，北京：中華書局，1980 年出版。

4. 漢・司馬遷，《史記》，一三〇卷，百衲本，臺北：臺灣商務印書館，1976 年 12 月臺四版。

5. 晉・司馬彪撰，清・汪文台輯，《續漢書》，五卷，新校本後漢書附編六，臺北：鼎文書局，1977 年 9 月初版。

6. 梁・沈約，《宋書》，一〇〇卷，百衲本，臺北：臺灣商務印書館，1976 年 12 月臺四版。

7. 明・宋濂，《元史》，二一〇卷，百衲本，臺北：臺灣商務印書館，1976 年 12 月臺四版。

8. 吳哲夫、吳昌廉合編，《中華五千年文物集刊——簡牘篇一》，臺北：中華五千年文物集刊編輯委員會，1983 年 6 月初版，288 頁。

9. 劉宋・范曄，《後漢書》，一二〇卷，百衲本，臺北：臺灣商務印書館，1976 年 12 月臺四版。

10. 晉・袁山松撰，汪文台輯，《後漢書》，一卷，新校本後漢書附編九，臺北：鼎文書局，1977 年 9 月初版。

11. 晉・袁宏，《後漢紀》，三十卷，臺北：華正書局，1974 年 7 月臺一版。

12. 漢・班固，《漢書》，一〇〇卷，百衲本，臺北：臺灣商務印書館，1976 年 12 月臺四版。

13. 班固撰，清‧王先謙補注，《漢書補注》，一○○卷，景印清武英殿本，臺北：藝文印書館。

14. 漢‧荀悅，《漢紀》，三十卷，臺北：華正書局，1974 年 7 月臺一版。

15. 漢‧桓寬撰，王利器校注，《鹽鐵論校注》，臺北：世界書局，1979 年 6 月三版。

16. 唐‧唐太宗御撰，《晉書》，一三○卷，百衲本，臺北：臺灣商務印書館，1976 年 12 月臺四版。

17. 清‧孫星衍校集，《漢官》，一卷，四部備要本，臺北：臺灣中華書局，1973 年 11 月臺三版。

18. 馬先醒等，《居延漢簡新編》（上），臺北：簡牘學會，1981 年 5 月，368 頁。

19. 元‧脫脫，《宋史》，四九六卷，百衲本，臺北：臺灣商務印書館，1976 年 12 月臺四版。

20. 晉‧陳壽，《三國志》，六十五卷，百衲本，臺北：臺灣商務印書館，1976 年 12 月臺四版。

21. 晉‧張璠撰，汪文台輯，《漢記》，一卷，新校本後漢書附編十，臺北：鼎文書局，1977 年 9 月初版。

22. 晉‧常璩，《華陽國志》，十二卷，四部備要本，臺北：臺灣中華書局，1978 年 4 月臺三版。

23. 勞榦，《居延漢簡考釋之部》，臺北：中央研究院歷史語言研究所，1960 年 4 月初版，312 頁。

24. 勞榦，《居延漢簡圖版之部》，三冊，臺北：中央研究院歷史語言研究所，1957 年 3 月初版，1977 年 3 月再版。

25. 晉‧華嶠撰，汪文台輯，《後漢書》，二卷，新校本後漢書附編七，臺北：鼎文書局，1977 年 9 月初版。

26. 睡虎地秦墓竹簡整理小組編，《睡虎地秦墓竹簡》，北京：文物出版社，1978 年 11 月，321 頁。

27. 睡虎地秦簡研究班，《睡虎地秦簡校註》，附於《簡牘學報》第十期（秦簡研究專號），臺北：簡牘學會，1981 年 7 月，112 頁。

28. 漢‧鄭玄注，唐‧賈公彥疏，《周禮注疏》，十二卷，阮刻十三經注疏本，臺北：藝文印書館，1960 年 1 月再版。

29. 漢‧劉珍等撰，清‧姚之駰輯，《東觀漢記》，新校本後漢書附編一，臺北：鼎文書局，1977 年 9 月初版。

30. 五代‧劉昫，《舊唐書》，二○○卷，百衲本，臺北：臺灣商務印書館，1976 年 12 月臺四版。

31. 漢・應劭撰，孫星衍校集，《漢官儀》，二卷，四部備要本，臺北：臺灣中華書局，1973 年 11 月臺三版。

32. 漢・衛宏撰，孫星衍校集，《漢舊儀》，四卷，四部備要本，臺北：臺灣中華書局，1973 年 11 月臺三版。

33. 衛宏撰，孫星衍校集，《漢書儀補遺》，一卷，四部備要本，臺北：臺灣中華書局，1973 年 11 月臺三版。

34. 晉・謝沈撰，汪文台輯，《後漢書》，一卷，新校本後漢書附編八，臺北：鼎文書局，1977 年 9 月初版。

35. 晉・謝承撰，汪文台輯，《後漢書》，一卷，新校本後漢書附編四，臺北：鼎文書局，1977 年 9 月初版。

36. 北齊・魏收，《魏書》，一一四卷，百衲本，臺北：臺灣商務印書館，1976 年 12 月臺四版。

37. 唐・魏徵，《隋書》，八十五卷，百衲本，臺北：臺灣商務印書館，1976 年 12 月臺四版。

38. 梁・蕭子顯，《南齊書》，五十九卷，臺北：臺灣商務印書館，1976 年 12 月臺四版。

39. 晉・薛瑩撰，汪文台輯，《後漢書》，一卷，新校本後漢書附編五，臺北：鼎文書局，1977 年 9 月初版。

40. 佚名，《睡虎地秦墓竹簡——丙辰年壬午年合刊本》，臺北：里仁書局，1981 年 11 月出版，557 頁。

41. 佚名，《雲夢秦簡釋文》（一～三），《文史集林》第三輯，臺北：木鐸出版社，1980 年 11 月印行，頁 99～136。

二、一般論著

（一）中　文

1. 元・王惲，《玉堂嘉話》，八卷，《百部叢書集成》之五十二，守山閣叢書第十四函，臺北：藝文印書館，1963 年景印。

2. 清・王夫之，《讀通鑑論》，三十一卷，臺北：河洛圖書出版社，1976 年 3 月臺景印初版。

3. 宋・王欽若，楊億等撰，《冊府元龜》，一〇〇〇卷，臺北：清華書局，1967 年 3 月初版。

4. 王德毅，《宋代災荒的救濟政策》，臺北：中國學術著作獎助委員會，1970 年 5 月初版，202 頁。

5. 清・永瑢等撰，《歷代職官表》，七十二卷，四部備要本，臺北：臺灣中華書局影印，不著出版年月。

6. 宋・司馬光撰，元・胡三省注，《新校資治通鑑注》，二九四卷，臺北：建宏出版社，1977 年。

7. 西嶋定生著，黃耀能譯，《白話秦漢史》，臺北：文史哲出版社，1983 年 10 月初版，385 頁。

8. 加藤繁著，吳杰譯，《中國經濟史考證卷一》，臺北：華世出版社，1981 年 9 月新版，464 頁。

9. 唐・杜佑，《通典》，二○○卷，臺北：新興書局，1965 年 3 月新一版。

10. 宋・李昉等撰，《太平御覽》，一○○○卷，臺北：新興書局，1959 年 1 月初版。

11. 李長之，《司馬遷之人格與風格》，臺北：臺灣開明書店，1976 年 3 月臺九版，380 頁。

12. 李源澄，《秦漢史》，臺北：臺灣商務印書館，1977 年 4 月初版，207 頁。

13. 李劍農，《先秦兩漢經濟史稿》，北京：三聯書店，1957 年 12 月一版，291 頁。

14. 呂思勉，《秦漢史》，臺北：臺灣開明書店，1977 年 5 月臺五版，825 頁。

15. 吳兆莘，《中國租稅史》，臺北：臺灣商務印書館，1965 年 12 月臺一版，287 頁。

16. 吳昌廉，《漢代邊郡障燧組織》，油印本，臺北：中國文化大學史學研究所博士論文，1983 年 2 月，462 頁。

17. 吳福助，《史漢關係》，臺中：曾文出版社，1975 年 4 月初版，77 頁。

18. 宋敘五，《西漢貨幣史初稿》，香港：中文大學，1971 年 6 月初版，153 頁。

19. 宋豫卿，《秦司空研究》，油印本，臺北：中國文化大學史學研究所碩士論文，1983 年 7 月，101 頁。

20. 清・沈欽韓，《漢書疏證》，四十卷，清鈔本，臺北：中央圖書館藏善本書。

21. 邵台新，《漢代河西四郡的拓展》，影印本，臺北：臺灣大學歷史研究所博士論文，1985 年 5 月，244 頁。

22. 林平和，《鹽鐵論析論與校補》，臺北：文史哲出版社，1984 年 3 月一版，450 頁。

23. 安作璋，《漢史初探》，上海：學習生活出版社，1955 年 10 月第二次印刷，124 頁。

24. 周玉津，《中國租稅史》，臺北：大中國圖書公司，1961 年 2 月初版，242 頁。

25. 周玉津，《財政學概要》，臺北：五南出版社，1979 年 10 月三版，248 頁。

26. 周道濟，《秦漢政治制度研究》，臺北：作者自印，1968 年 3 月增訂一版，168 頁。

27. 清・周壽昌，《漢書注校補》，五十六卷，周陳二氏漢書補證合刊，臺北：鼎文書局，1977 年 8 月初版。

28. 施之勉，《漢書補注辨證》，香港：新亞研究所，1961 年 10 月初版，368 頁。

29. 清・姚鼐，《惜抱軒筆記》，收入《惜抱軒全集》，四部備要本，臺北：臺灣中華書局景印，不著出版年月。

30. 姚秀彥，《秦漢史》，臺北：里仁書局，1981 年 9 月，540 頁。

31. 馬元材，《桑弘羊年譜》，臺北：臺灣商務印書館，1975 年 9 月臺一版，136 頁。

32. 馬先醒，《簡牘學要義》，臺北：簡牘學會，1980 年，163 頁。

33. 馬先醒，《漢簡與漢代城市》，簡牘社論學甲集，臺北：簡牘社，1976 年 1 月，399 頁。

34. 馬持盈，《中國經濟史》（第二冊），臺北：臺灣商務印書館，1981 年 7 月臺修訂一版，396 頁。

35. 清・洪飴孫，《三國職官表》，三卷，《二十五史補編》，臺北：臺灣開明書店，1959 年 6 月臺一版。

36. 侯家駒，《中國經濟思想史》，臺北：中央文物供應社，1982 年 7 月出版，444 頁。

37. 清・孫楷撰，徐復訂補，《秦會要訂補》，二十六卷，臺北：鼎文書局，1978 年 11 月初版。

38. 唐・徐堅，《初學記》，三十卷，四部集要，臺北：新興書局，1966 年 5 月新一版。

39. 宋・徐天麟，《西漢會要》，七十卷，臺北：九思出版有限公司，1978 年 11 月臺一版。

40. 徐天麟，《東漢會要》，四十卷，臺北：九思出版有限公司，1979 年 3 月臺一版。

41. 徐漢昌，《鹽鐵論研究》，臺北：文史哲出版社，1983 年 8 月初版，193 頁。

42. 徐復觀，《周官成立之時代及其思想性格》，臺北：臺灣學生書局，1980 年 5 月初版，202 頁。

43. 徐復觀，《兩漢思想史》，卷三，臺北：臺灣學生書局，1979 年 9 月初版，629 頁。

44. 清‧梁玉繩，《史記志疑》，三十六卷，廣雅書局刊本，臺北：臺灣學生書局，1970 年 7 月景印。

45. 梁啓超，《古書真偽及其年代》，臺北：臺灣中華書局，1973 年 8 月臺五版，135 頁。

46. 森谷克己著，陳昌蔚譯，《中國社會經濟史》，臺北：臺灣商務印書館，1975 年 7 月臺二版，400 頁。

47. 陳直，《兩漢經濟史料論叢》，西安：陝西人民出版社，1958 年 4 月第一版，289 頁。

48. 陳直，《史記新證》，臺北：學海出版社，1980 年 9 月初版，205 頁。

49. 陳直，《漢書新證》，二卷，《周陳二氏漢書補證合刊》，臺北：鼎文書局，1977 年 8 月初版。

50. 陳登原，《中國田賦史》，臺北：臺灣商務印書館，1966 年 3 月臺一版，268 頁。

51. 常乃惠，《中國財政制度史》，臺北：古亭書屋，1975 年 3 月臺一版，251 頁。

52. 陶希聖、沈任遠合著，《秦漢政治制度》，臺北：臺灣商務印書館，1967 年 11 月臺一版，256 頁。

53. 湯承業，《中國政治制度史》，臺北：黎明文化事業公司，1980 年 10 月初版，1402 頁。

54. 勞榦，《勞榦學術論文集甲編》，臺北：藝文印書館，1976 年 10 月初版，1591 頁。

55. 勞榦，《秦漢史》，臺北：中國文化大學出版部，1980 年 4 月新一版。

56. 曾資生，《中國先秦政治制度史》，臺北：啓業書局，1979 年 10 月臺三版，197 頁。

57. 曾資生，《中國秦漢政治制度史》，臺北：啓業書局，1979 年 10 月臺三版，328 頁。

58. 張心澂，《偽書通考》，不著出版者時地，1318 頁。

59. 張君勱，《中國專制君主政制之評議》，臺北：弘文館出版社，1986 年 2 月初版，650 頁。

60. 張春樹，《漢代邊疆史論集》，臺北：食貨出版社，1977 年 4 月出版，236 頁。

61. 楊寬，《戰國史》，上海人民出版社，1955 年 9 月第一版，280 頁。

62. 楊寬，《戰國史》，上海人民出版社，1980 年 7 月第一版，605 頁。

63. 楊樹達，《漢書窺管》，十卷，臺北：世界書局，1974 年 10 月三版。

64. 楊樹藩，《兩漢中央政治制度與法儒思想》，臺北：臺灣商務印書館，1982 年 11 月四版，235 頁。

65. 趙翼,《二十二史箚記》,三十六卷,臺北:鼎文書局,1975 年 3 月初版。

66. 傅樂成,《中國通史》,臺北:大中國圖書公司,1978 年 12 月初版,793 頁。

67. 傅樂成,《漢唐史論集》,臺北:聯經出版事業公司,1977 年 9 月,428 頁。

68. 清‧萬斯同,《東漢九卿年表》,一卷,《二十五史補編》,臺北:臺灣開明書店,1959 年 6 月臺一版。

69. 宋‧熊方,《補後漢書年表》,十卷,《二十五史補編》,臺北:臺灣開明書店,1959 年 6 月臺一版。

70. 清‧練恕,《後漢公卿表》,一卷,《二十五史補編》,臺北:臺灣開明書店,1959 年 6 月臺一版。

71. 劉欣,《漢代西域都護功能及其統屬組織》,油印本,臺北:中國文化大學史學研究所碩士論文,1981 年 7 月,180 頁。

72. 清‧諸以敦,《熊氏後漢書年表校補》,五卷,《二十五史補編》,臺北:臺灣開明書店,1959 年 6 月臺一版。

73. 錢穆,《國史大綱》,臺北:臺灣商務印書館,1974 年 9 月修訂一版,701 頁。

74. 錢穆,《秦漢史》,臺北:三民書局,1969 年 1 月三版,291 頁。

75. 清‧錢大昭,《後漢書補表》,八卷,《二十五史補編》,臺北:臺灣開明書店,1959 年 6 月臺一版。

76. 錢大昭,《漢書辨疑》,二十二卷,《百部叢書》之八十六,《史學叢書》第四函,臺北:藝文印書館,1964 年景印。

77. 瞿兌之,《秦漢史纂》,臺北:鼎文書局,1979 年 2 月初版,327 頁。

78. 韓復智,《兩漢經濟思想》,臺北:中國學術著作獎助委員會,1969 年 7 月初版,186 頁。

79. 韓復智,《漢史論集》,臺北:文史哲出版社,1980 年 10 月初版,238 頁。

80. 嚴耕望,《中國地方行政制度史上篇——秦漢地方行政制度》,臺北:中央研究院歷史語言研究所,1974 年 12 月再版,440 頁。

（二）日 文

1. 大庭脩,《秦漢法制史の研究》,東京:創文社,昭和 50 年 2 月第一版第一刷,749 頁。

2. 平中苓次,《中國古代の田制と稅法——秦漢經濟研究》,京都:東洋史研究會,昭和 42 年 3 月,469 頁。

3. 西村元佑,《中國經濟史研究》,京都:同朋舍,昭和 50 年 10 月第一版第三刷,875 頁。

4. 好並隆司，《秦漢帝國史研究》，東京：未來社，1978 年 3 月第一版第一刷，551 頁。

三、論 文

（一）中 文

1. 于豪亮，〈雲夢秦簡所見職官述略〉，《文史》第八輯，1980 年 3 月，頁 5～25。

2. 于豪亮，〈釋青川秦墓木牘〉，《文物》1982 年第一期，頁 22～24。

3. 工藤元男撰，李守愛譯，〈秦內史〉，《簡牘學報》第十期，1981 年 7 月，頁 171～195。

4. 王毓銓，〈「民數」與漢代封建政權〉，原載《中國史研究》1979 年第一輯，收入《中國社會經濟史參考文獻》（臺北：華世出版社，1984 年 10 月），頁 223～255。

5. 四川省博物館、青川縣文化館，〈青川縣出土秦更修田律木牘〉，《文物》1982 年第一期，頁 1～13。

6. 甘肅省博物館漢簡整理組，〈居延漢簡「相劍刀」冊釋文〉，《敦煌學輯刊》第三期，頁 78。

7. 甘肅省博物館、初師賓、任步雲，〈建武三年居延都尉吏奉例略考〉，《敦煌學輯刊》第三期，頁 90～105。

8. 朱希祖，〈桑弘羊之經濟政策〉，收入《朱希祖先生文集》（三）（臺北：九思出版有限公司，1979 年 7 月），頁 1443～1495。

9. 李昭和，〈青川出土木牘文字簡考〉，《文物》1982 年第一期，頁 24～27。

10. 安作璋，〈西漢農官的建置及其作用〉，收入《漢史初探》（上海：學習生活出版社，1955 年 9 月），頁 1～23。

11. 金少英，〈秦官考〉，《秦會要訂補附錄》（臺北：鼎文書局，1978 年 11 月），頁 463～528。

12. 林劍鳴，〈秦代中央官制簡論〉，《西北大學學報》1983 年第一期，頁 32～39。

13. 周筠溪，〈西漢財政制度之一班〉，《食貨半月刊》第三卷第八期，1936 年 3 月，頁 8～36。

14. 侯家駒，〈均輸平準小考〉，《大陸雜誌》第五十八卷第四期，1979 年 4 月，頁 6～13。

15. 施正康，〈漢代水稅質疑〉，《中國史研究》1984 年第二期，1984 年 5 月，頁 117～120。

16. 胡四維撰，詹泓隆、詹益熙譯，〈1975 年湖北發現之秦文物〉，《簡牘學報》第七期，1980 年，頁 358～394。

17. 馬先醒，〈漢代軺車馬數與其價格〉，《簡牘學報》第一期，1974 年 6 月，頁 47～53。

18. 馬非百，〈秦漢經濟史資料（七）——租稅制度〉，《食貨半月刊》第三卷第九期，1936 年 4 月，頁 9～33。

19. 高大倫、張懋鎔，〈漢光和斛、權的研究〉，《西北大學學報》1983 年第四期，頁 75～83。

20. 徐蘋芳，〈居延考古發掘的新材料〉，《文史集林》第一輯（臺北：木鐸出版社，1980 年 10 月），頁 91～97。

21. 涌泉，〈漢代水稅芻議〉，《秦漢史論叢》第一輯（中國秦漢史研究會編，陝西人民出版社，1981 年 9 月），頁 147～151。

22. 孫會文，〈前漢在西北的移民與屯田〉，《文史哲學報》第十九期，1970 年 6 月，頁 1～38。

23. 崔曙庭，〈漢代更賦析辨〉，《中國歷史文獻研究集刊》第二集，頁 116～126。

24. 陳夢家，〈漢簡所見居延邊塞與防禦組織〉，收於《漢簡綴述》（北京：中華書局，1980 年 12 月），頁 37～95。

25. 陳夢家，〈西漢都尉考〉，收於《漢簡綴述》，頁 125～134。

26. 陳嘯江，〈西漢政府的農業政策及其批評〉，《國立中山大學文史學研究所月刊》第二卷第五期，1934 年 2 月，頁 177～190。

27. 勞榦，〈漢代的政制〉，《中國政治思想與制度史論集》（三）（《現代國民知識基本叢書》第一輯，臺北：中華文化出版事業委員會，1961 年 1 月），頁 1～16。

28. 勞榦，〈從漢簡所見之邊郡制度〉，收於《勞榦學術論文集甲編》（臺北：藝文印書館，1976 年 10 月），頁 177～198。

29. 勞榦，〈居延漢簡考證〉，收於《勞榦學術論文集甲編》，頁 259～439。

30. 勞榦，〈秦漢九卿考〉，收於《勞榦學術論文集甲編》，頁 861～866。

31. 勞榦，〈關於漢代官俸的幾個推測〉，收於《勞榦學術論文集甲編》，頁 1037～1048。

32. 勞榦，〈漢代郡制及其對簡牘的參證〉，收於《勞榦學術論文集甲編》，頁 1049～1081。

33. 勞榦，〈孔廟百石卒史碑考〉，收於《勞榦學術論文集甲編》，頁 1101～1117。

34. 勞榦，〈漢代政治組織的特質及其功能〉，收於《勞榦學術論文集甲編》，頁 1239～1260。

35. 黃眞眞，〈秦代贖刑略考〉，《簡牘學報》第十期，1981 年 7 月，頁 113～123。

36. 張維華，〈西漢一代之諸侯王國〉，《漢史論集》（濟南：齊魯書社，1980年3月），頁185～244。

37. 張春樹，〈古代屯田制度之原始與河西、西域邊塞上屯田制度之發展過程〉，《屈萬里先生七秩榮慶論文集》（臺北：聯經出版事業公司，1978年10月），頁563～599。

38. 張傳璽，〈論秦漢時期三種鹽鐵政策的變遷〉，《秦漢史論叢》第二輯（中國秦漢史研究會編，陝西人民出版社，1983年8月），頁39～72。

39. 裘錫圭，〈漢簡零拾〉，《文史》第十二輯，1981年9月，頁1～37。

40. 楊遠，〈西漢鹽鐵工官的地理分布〉，《香港中文大學中國文化研究所學報》第九卷上冊，1978年，頁219～245。

41. 楊寬，〈從「少府」職掌看秦漢封建統治者的經濟特權〉，《秦漢史論叢》第一輯，頁208～226。

42. 諸道菴，〈兩漢官俸蠡測〉，《食貨半月刊》第一卷第十二期，1935年5月，頁22～25。

43. 管東貴，〈漢代屯田與開邊〉，《中央研究院歷史語言研究所集刊》第四十五本第一分本，1973年10月，頁27～109。

44. 管東貴，〈漢代屯田的組織與功能〉，《中央研究院歷史語言研究所集刊》第四十八本第四分本，1977年12月，頁501～527。

45. 歐宗祐，〈鹽鐵論之由來及性質〉，《中山大學語言歷史研究所周刊》第一集第七期，1927年12月，頁185～191。

46. 蔡興安，〈秦代九卿制度考〉（下），《大陸雜誌》第二十六卷第五期，1963年3月，頁6～31。

47. 韓復智，〈西漢物價的變動與經濟政策之關係〉，《漢史論集》（臺北：文史哲出版社，1980年10月），頁21～109。

48. 羅開玉，〈秦國少內考〉，《西北大學學報》1981年第三期，頁83～85。

49. 譚宗義，〈兩漢漕運考〉，《大陸雜誌》第三十五卷第七期，1967年10月，頁12～20。

50. 嚴耕望，〈論唐代尚書省之職權與地位〉，《唐史研究叢稿》（香港：新亞研究所，1969年10月），頁1～101。

51. 佚名，〈居延漢代遺址的發掘和新出土的資料〉，《文史集林》第一輯，頁98～112。

（二）日　文

1. 山田勝芳，〈前漢武帝代の財政機構改革〉，《東北大學東洋史論集一》，1984年1月，頁33～64。

2. 山田勝芳，〈漢代財政制度に關する──考察〉，《北海道教育大學紀要》（第一部B）第二十三卷第一號，昭和47年9月，頁1～13。

3. 山田勝芳，〈後漢の大司農と少府〉，《史流》第八期，1977 年，頁 1～39。

4. 越智重明，〈前漢の財政について〉，《九州大學東洋史論集》第十一號，1983 年 3 月，頁 1～25。